新装版

「慰安婦」問題を子どもにどう教えるか

平井美津子
Hirai Mitsuko

高文研

「慰安婦」問題を子どもにどう教えるか◉もくじ

はじめに……5

「慰安婦」問題を教えることは危険?……7
「言葉のアヤ」
なぜ学校に半旗を?
金学順さんの証言
襲われた教科書会社

「慰安婦」問題を教えた最初の授業……23
「戦後五〇年」という雰囲気のなかで
性暴力は軍隊が存在する限りなくならない
「右翼が来たらどうするんですか?」
授業が原因で親子喧嘩!?
「〈従軍慰安婦〉この言葉を聞くと悲しくなる」

「沖縄」と出合った子どもたち……49
「あなたが頑張らないとだめなのよ」

教科書から消えた「慰安婦」
行動する勇気を引き継ぎたい
修学旅行が子どもたちを変えた
沖縄戦を伝える責任
「署名集めてるねん！」
私たちの声を聞いて

ハルモニとの約束

ハルモニとの約束……81
在特会がやってきた！
「私らのことを教えて大変な目にあってるの？」
プリントの開示と在特会メンバーの逮捕

先生、「慰安婦」の授業まだ？

先生、「慰安婦」の授業まだ？……95
「〈慰安婦〉の授業はやった？」
「先生、〈慰安婦〉の授業まだ？」
戦争中でも許されないことはある

真の「和解」とは何か――考え始めた中学生……113
突然の日韓合意への驚き
怒り、悲しみ、悔しさ……再び沖縄で女性が犠牲に
本当の「和解」とは？
怯まずに「慰安婦」問題を教えよう……137
「忖度」の嵐が吹き荒れる学校現場
怯まずに「慰安婦」問題を教えよう
「傍観者にならない」、そして「抗う」
資料編……155
加藤内閣官房長官発表／河野談話／村山談話／宮沢談話
安倍談話／日本で行われた日本軍性暴力被害者裁判
日本軍慰安所マップ／参考図書
おわりに……185
新装版の少し長いあとがき……189

はじめに

歴史の授業で戦争は避けて通れない。生徒から「先生、戦争好きなん?」と聞かれることがある。「なんで?」と聞くと、「先生、戦争のことになったらすごく熱いもん」と。「好きなはずないやん。でも、もし私が熱くなってるとしたら、戦争の実態をしっかりと伝えたい、知ってほしいと思ってるから」と言っている。

戦争について学ぶことは戦前のように「殉国美談」を学ぶことではない。戦前は、国民がいかに勇ましく戦い、自分の命をなげうってお国のために尽くしたかということが、国史や修身で教えられた。

しかし、今戦争を学ぶのは、戦争への過程、加害、被害、抵抗や反戦、加担といった戦争のあらゆる面を見ていくことで、戦争の実相を知り、そのことが再び戦争が起きることを防ぐ力になると思うからだ。「戦争はいやだ」と言うだけでなく、戦争が起きたらどんなことになるのかということを歴史の真実から理解しておくことが今こそ求められている。

子どもたちが戦争について知る機会は祖父母らのような家族からではなく、学校やメディアからでしかなくなっているのが現状だ。毎年、夏休み前に戦争に関するテレビ番組の一覧表をプリントにして生徒に「一つでもいいから見てみよう」と配っている。

二〇一七年夏、ＮＨＫが放送したＥＴＶ特集「告白～満蒙開拓団の女たち～」（八月五日放送）に大きな衝撃を受けた。岐阜県から旧満州（中国東北部）に入植した六五〇人の黒川開拓団が戦後に集団自決寸前まで追い込まれながら生還できた歴史を掘り起こした内容だ。開拓団がソ連兵に護衛してもらうかわりに、一五人の未婚女性をソ連兵に差し出したのだ。戦後七〇年が過ぎ、それまで封印してきた事実を公表した女性たち。戦争が終わってからの七〇年余りはこの女性たちにとってどんな時間だったのだろう。女性たちは自分のことを恥ずかしい存在として長い間奥深くにしまい込んで生きざるを得なかった。

戦争にはこの満蒙開拓団の女性たちや「慰安婦」のような性暴力がつきまとう。戦争のエピソードではなく、戦争の本質なのだ。歴史としての戦争は遠くなっているが、現実としての戦争は近づいているような気がする。だからこそ、戦争の本質を教えたい。それが「慰安婦」問題なのだ。「慰安婦」問題にこだわり続けてきた二〇年。これからもこだわり続けようと思う。ここに書いたものは、「慰安婦」問題の授業実践でもあり、子どもたちと学びあってきた生活史でもある。

「慰安婦」問題を教えることは危険？

「右翼からの攻撃にも負けずに〈慰安婦〉問題を教え続けている平井さんです」

私は講演のときに、よくこのように紹介される。私を講演に呼んでいる主催者は私のことをある程度はご存じだが、知らない人にとっては、とたんに私のイメージは「たたかう人」となる。そして、次にやってくるのは「右翼の攻撃とは何か？」「〈慰安婦〉問題って攻撃されるの？」という疑問だ。

私も冗談めかして、「名刺には〈たたかう教師〉って書かなあかんね」なんて言うのだが、内心は「たたかう？　私が？」と思っている。

私は何とたたかっているのだろうか。なぜ私は「慰安婦」にこだわるのだろうか。「反日教師」とレッテルを貼られるのはなぜだろう。

教師になって三〇年をとうに過ぎ、自分は今までどんな授業をしてきたのだろう。この本を書くにあたって、自分自身の実践を振り返ってみた。

「言葉のアヤ」

「そういう言葉のアヤについては、私はそういう文学方面はあまり研究もしてないので、よくわかりませんから、そういう問題についてはお答えができかねます」

私が人生の中で最も衝撃を受けた言葉の一つだ。

この言葉を聞いて、わかる人はどのくらいいるだろう？

私と同年代の人には「浩」「浩子」という名前が多い。一九五九年に現在の天皇明仁さんが正田美智子さんと結婚しミッチーブームが沸き起こり、翌年浩宮さんが誕生したからだ。皇室という存在が庶民にとって近い存在になった。私の家にも美智子さんの子育て本があったのを記憶している。美智子さんや子どもたちの姿に親近感を持った人は少なくないだろう。私も昭和天皇にはにこやかに手を振る好々爺というイメージを持っていた。そのイメージが私のなかで崩れたのは、一九七五年のことだ。それまで中学校の修学旅行は東京方面に行くことが多かったが、山陽新幹線が開通し、私の通っていた中学校は広島に修学旅行先を変えた。初めて行く広島で私が見たものは、化け物のように皮膚が垂れ下がった被爆者の蝋人形と目を覆いたくなるような写真の数々だった。展示してあるものが怖いというだけでなく、原爆が人間を怖いと思わせるような無残なものに変えてしまうということが恐ろしかった。

原爆を落とさなければ戦争は終わらなかったのか？　戦争を終わらせることができたの

はだれなのか？　そんなことを考えていくなかで、近衛上奏文に行きついた。一九四五年二月一四日に近衛文麿が昭和天皇に上奏した文章は「終戦」の決断を促す内容だった。ところが、天皇は「もう一度戦果をあげてからでないとなかなか話は難しいと思う」と否定していた。このことは私にとって大きなショックだった。天皇が「終戦」の決断を遅らせたことが、大都市空襲や沖縄戦、原爆投下をもたらしたのだ。

しかも、輪をかけて衝撃が走ったのは、一九七五年一〇月三一日に行われた昭和天皇の記者会見だった。内外からの記者の質問に昭和天皇が直接答えるという形で行われたもので、テレビでも大きく取り上げられた。

「陛下は、いわゆる戦争責任について、どのようにお考えになっておられますか、おうかがいいたします」という質問に、昭和天皇は「そういう言葉のアヤについては、私はそういう文学方面はあまり研究もしてないので、よくわかりませんから、そういう問題についてはお答えができかねます」。「戦争終結にあたって、原子爆弾投下の事実を、陛下はどうお受け止めになりましたのでしょうか、おうかがいいたしたいと思います」との質問には「原子爆弾が投下されたことに対しては遺憾には思ってますが、こういう戦争中であることですから、どうも、広島市民に対しては気の毒であるが、やむを得ないことと私は思ってます」と答えている。

私はこの二つの答えを聞いて、言いようもない虚しさというかあほらしさというかなんとも言えない気持ちになったのを今もはっきりと覚えている。大元帥として戦争を最終的に指揮する権限を持った人として、そしてひとりの人間としてあまりにも不誠実ではないのかと。

しかし、そのときは誰に対しての不誠実なのか？　ということまでは考えられなかった。子どもの言葉で言えば、「ずるい」ということだった。

なぜ学校に半旗を？

一九八九年一月七日、昭和天皇が亡くなった。前年の九月頃に天皇の容態が重いという報道が流れてから日本の社会は自粛ムード一色になった。野球の優勝チームがビールかけを自粛したり、日産自動車のＣＭで「みなさんお元気ですか？」という井上陽水の音声が失礼にあたると差し替えられたり、バラエティ番組なども消えた。「天皇崩御の記者会見」以降二日間はテレビ放送はどこもＣＭ抜き。歌番組、ドラマ、クイズ番組はすべて姿を消した。天皇の死去を伝える新聞はどれも、生物学者としての素顔や激動に生きた天皇、平和を望み国民と共に歩んだ天皇といったイメージで天皇の姿を報道していた。アジア太平洋戦争において統帥権を持つ天皇が戦争に果たした役割を考えたとき、この報道に対して皮膚がざさがさとこすられるような違和感を持った。

大喪の礼は二月二四日と決まった。大喪の礼の当日は、公休日となり、文部省からは「昭和天皇の大喪の礼当日における弔意奉表について」という通知が公私を問わず全国の教育機関、各都道府県教育委員会・各都道府県知事などへ出された。内容は、①弔旗を掲揚すること及び行事などで歌舞音曲を伴うものは差し控えること。②大喪の礼の日の正午に黙とうを捧げるよう協力方を要望することだった。

当日は生徒たちは登校しないとなっていたが、私たち教職員は組合員だけでなく全員で議論をし、学校で子どもたちに弔意を強要することや半旗を上げることの問題点について話し合った。教職員の総意として校長に対して学校に半旗を上げないことを要請した。

天皇の死去という事態を受けて、学校という公教育の機関に、一方的に押し付けられる弔意。憲法に規定されている象徴としての天皇という存在が、戦前と同じような存在として襲ってきたように感じた。元号が法制化された後、初めての元号は「平成」と発表された。天皇が時をも治めるという意味で作られた日本の元号。もうすでにそんな時代は終わったはずなのに、新たな元号が作られ、亡くなった天皇や新たな天皇のために弔意や祝意を強制される。あの戦争への反省から憲法はでき、だからこそ三〇条にもわたる人権に関する条文が盛り込まれたのだ。第一九条には「思想及び良心の自由は、これを侵してはならない」、第二〇条には「②何人も、宗教上の行為、祝典、儀式又は行事に参加することを強制されない。③国及びその機関は、宗教教育その他いかなる宗教的活動もしてはならない」とある。

しかし現実には、憲法にも教育基本法にも違反していることがいとも簡単に押し付けられていく。国家神道に国民たちがからめとられた時代は決して過去のものではないのだ。当時中学二年生に歴史を教えていた私は、アジア太平洋戦争や憲法の成り立ちなどの授業の必要性を改めて実感した。自分の中で、社会科の教師として何を子どもたちに伝え、考えさせるのかがやっとはっきり見えてきた。

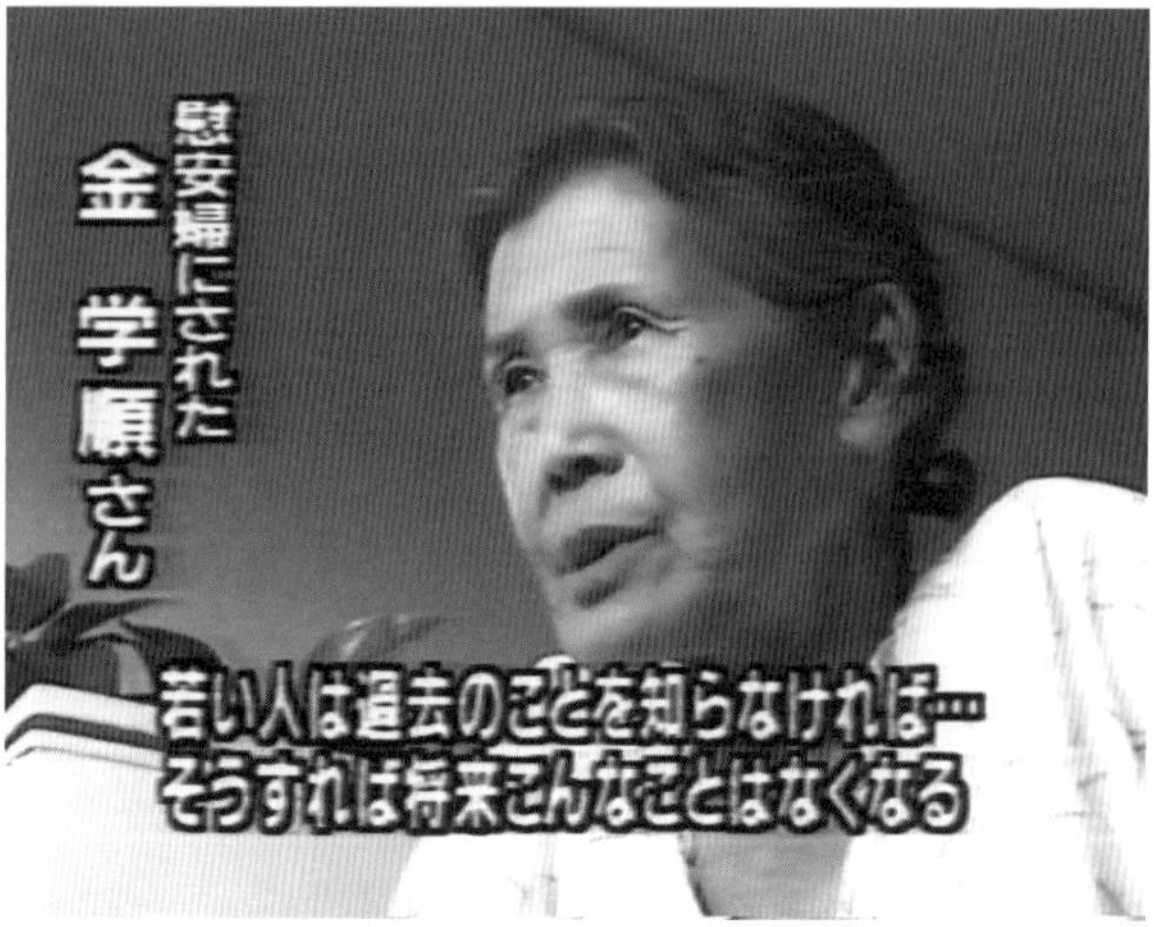

「慰安婦」だったと名乗り出た金学順さん（NNNドキュメント'97「許そう　しかし忘れまい」〈1997年8月17日放送〉より）

金学順さんの証言

テレビの持つ力は大きい。文章でしか認識していなかった事柄や人が明確な形となって目の前に現れてくる。一九九一年八月一四日、それまで名乗り出ることのなかった「慰安婦」。初めて顔も名前も出して証言をしたのが金学順さん（当時六七歳）だった。同年一二月六日には元軍人・軍属とともに日本政府に謝罪と賠償を求めて東京地裁に提訴。彼女の名前は「慰安婦」の代名詞ともなった。初めて彼女をテレビで見たとき、不謹慎ながら幽霊にでも出くわしたかのように衝撃を受けた。千田夏光さんや川田文子さんのルポルタージュを読んで知ってはいるつもりだった自分を恥じた。白いチマチョゴリを着て毅然と、しかし時には涙を流しながら話す金さん。「胸が痛い。でも話します。このことを歴史に残さなければなりません。若者に事実を教えなくてはいけません」という言葉は私の中で常に反芻される言葉になった。

金さんの証言の前年に遡る一九九〇年六月の参議院予算委員会で、本岡昭次議員（当時社会党）が「慰安婦」の実態調査を日本政府に要求したところ、政府委員だった清水傳雄氏が「従軍慰安婦なるものにつきまして、古い人の話等も総合して聞きますと、やはり民間の業者がそうした方々を軍とともに連れて歩いているとか、そういうふうな状況のようでございまして、こうした実態について私どもとして調査して結果を出すことは、率直に申しましてできかねると思っております」という答弁がなされた（第一一八回国会　参議院予算委員会　第一九号、平成二年六月六日）。金さんはこの答弁をきっかけに「慰安婦」として名乗り出ようと考えたのだ。

一九九二年一月八日、韓国挺身隊問題対策協議会は韓国の日本大使館前で水曜デモを開始し、一月一七日に訪韓した宮澤喜一首相は盧泰愚大統領に「慰安婦」問題に関して公式に謝罪。同年七月六日、加藤紘一官房長官は政府の関与を認める談話を発表した（資料編一五六頁参照）。当時の自民党には戦争や戦争責任の問題について良心をもって対応しようとする勢力が少なからずいた。

日本政府は金さんらの訴えを機に、調査を実施し、「慰安婦」の連行や管理に日本軍の

慰安婦「強制」認め謝罪

「総じて意に反した」

調査結果 政府公表　募集など甘言・強圧

政府は四日、朝鮮半島出身者を中心とする戦時中のいわゆる従軍慰安婦問題について続けてきた調査の結果を公表した。政府は昨年七月に、慰安所の経営などに当時の政府が関与したことを認めており、今回の調査は慰安婦募集の「強制性」が焦点だった。報告書はこの点について「本人の意向に反して」集められるケースが数多くあったとの表現で強制があったことを認めた。また、同時に発表した河野洋平官房長官談話は、慰安所における生活について「強制的な状況の下での痛ましいものであった」と言及、「強制」という言葉を盛り込んだ。

（2・3・26・27面に関係記事）

宮沢内閣は五日総辞職するが、この問題をめぐる日韓間の感情的しこりが拡大するのを避けたいとの配慮から、宮沢内閣の責任で踏み込み、かなり率直に「強制」を認めた。韓国政府は今回の発表をおおむね評価しており、日韓両政府間では、これで決着との立場をとるものと見られる。今後は日本側が打ち出した「補償に代わる措置」の具体化が課題となる。ただ韓国内にはまだ不十分とする向きが強く、元慰安婦たちの日本政府に補償を求める動きは今後も強まりそうだ。

今回の調査は、昨年の調査結果公表で「強制連行を裏付ける資料はなかった」としたことに韓国内などで反発の声が上がり、韓国政府も「真相究明」を求めたことから、継続して行っていた。先月末にはソウルで元慰安婦十六人からも聞き取り調査した。

報告書のうち「慰安婦の募集」の項は、こうした聞き取り調査と新たに見つけた資料約百件をもとにまとめたもので、「軍当局の要請を受けた経営者の依頼により斡旋（あっせん）業者らが当たることが多かった」としたうえで、「業者らがあるいは甘言を弄（ろう）し、あるいは畏怖（いふ）させる等の形で本人たちの意向に反して集めるケースが数多く、更に、官憲等が直接これに加担する等のケースもみられた」と記述した。

官房長官談話はこれを踏まえたものだが、さらに一歩踏み込み、慰安婦の募集や移送、管理などが、甘言、強圧によるなど「総じて本人たちの意思に反して行われた」と述べて、募集だけでなく全般的に強制があったことを認めた。

そのうえで「心身にわたり癒（いや）しがたい傷を負われたすべての方々に対し心からお詫（わ）びと反省の気持ちを申し上げる」と、日本政府として改めて謝罪。また「われわれはこのような歴史の真実を回避することなく、むしろこれを歴史の教訓として直視していきたい」と述べ、歴史教育などを通じて「永く記憶にとどめ、同じ過ちを決して繰り返さない」との決意を表明した。

報告書は「募集」のほか、「慰安所設置の経緯」「慰安婦の出身地」「慰安所の経営及び管理」などについてもまとめているが、昨夏発表したのとほとんど同じ内容。ただ「出身地」でこれまで挙げていた日本、朝鮮半島、中国、台湾、フィリピン、インドネシアのほかに、軍事裁判記録から明らかになったオランダを加えた。

河野官房長官は談話を発表した記者会見で、慰安婦問題に関する調査はこれで終了するのかとの問いに、「われわれが考えていた調査はこれで終わった。しかし、新たなものが出てくれば（調査再開を）排除しない」と述べた。

従軍慰安婦の調査結果の書類を手に、記者会見に向かう河野官房長官＝4日午後4時35分、首相官邸で

韓国政府は一応評価

総数など「未解明」と指摘

【ソウル４日＝清田治史】韓国外務省は四日、従軍慰安婦問題に関する日本政府の調査報告書について、一応の評価をすると同時に、なお未解明な部分があると指摘する声明を発表した。一方、韓昇洲・外相は、聯合通信との会見で、未解明部分として従軍慰安婦の総数と、当時の日本政府の役割の二点を指摘した。

外務省の声明によると、「日本政府は今回の追加調査結果の発表を通じて、従軍慰安婦の募集、移送、管理などで、全体的な強制性を認めた。さらに被害者に対する謝罪と反省を表すると同時に、今後、これを歴史の教訓としていく意志を表明したことに対して、韓国政府として評価したい」としている。

ただし、その一方で「今回の調査結果で明らかにされていない部分に対しては、日本政府が今後とも関心を払い、これらの点について改めて明らかにするよう期待する」とした。

一方、俞炳宇・外務省アジア局長は「今後、この問題を韓日間の外交問題としては提起しない、というのが現時点での我が国政府の立場だ」と語った。

韓国の世論形成に強い影響力を持つ東亜日報は五日付の社説で「韓国政府と国民の感情は異なる。日本の我々の謝罪と反省をすっきり受け入れるわけにはいかない」とし、日本政府の賠償責任を主張した。

河野談話を報じる『朝日新聞』
(1993 年 8 月 5 日付)

「強制」があったことを公式に認め、一九九三年八月四日河野談話（資料編一五八頁参照）を発表した。

この談話では「慰安婦の募集」「慰安婦の移送」「慰安所の設置、管理」に日本軍の関与を認め、「多数の女性の名誉と尊厳を深く傷つけた」問題とし、「歴史の教訓として直視し」、「歴史研究、歴史教育を通じてこのような問題を永く記憶にとどめ、同じ過ちを決して繰り返さないという固い決意」を表明した。「歴史教育を通じて永く記憶にとどめる」ことの表れとして、一九九七年から使われるすべての中学校歴史教科書に「慰安婦」記述が登場した。しかし、このことがその後の大きな教科書攻撃や現場の授業実践への攻撃を呼び起こすことになった。

襲われた教科書会社

「うちの学校の近くにある教科書会社が、たくさんの右翼の街宣車に囲まれてん！　怖かったわ。通行人も何事《なにごと》やって不安がってたわ！　ほんま、あんなん初めてやわ！」

当時、大阪市深江橋にあった教科書会社大阪書籍に右翼の街宣車が何台も押し寄せたことを近くの中学校に勤務していた仲間が知らせてくれた。教科書会社に右翼の街宣車が押し寄せるなどということは前代未聞のことだ。大阪だけではなく、中学校社会科歴史教科書を出していた教科書会社七社すべてで起きていた。

一九九六年六月二七日、文部省は一九九七年度中学校教科書の検定結果を公開し、二七日の夕方にはテレビやラジオが、翌二八日には新聞が一斉にすべての中学校歴史教科書に

戦争の被害と民衆

★戦争は国民に何をもたらし，アジアにどんな被害をあたえただろう。

戦争と民衆

1942年6月のミッドウェー海戦から，太平洋での連合国軍の反撃《はんげき》が開始されました。日本軍はつぎつぎと敗れ，日本の占領《せんりょう》下での住民の抵抗《ていこう》運動もはげしくなっていき，資源《しげん》の輸入がとだえ，生産もゆきづまりました。政府は，兵力や労働力を補うため，大学生も兵士として動員し，中学生や女学生を軍事工場で働かせました。そのうえ，朝鮮《ちょうせん》からは約70万人，中国からも約4万人を強制的に日本へ連行して鉱山などで働かせました。また，朝鮮などの若い女性たちを慰安婦《いあんふ》として戦場に連行しています。さらに，台湾《たいわん》・朝鮮にも徴兵令《ちょうへいれい》をしきました。そして，国民の生活や言論の統制をいっそうきびしくしました。しかし，国民の間に戦争への批判《ひはん》や政府への不満がひそかに高まっていきました。

↑児童の集団疎開《そかい》

260

疎開先からの手紙

お父様はじめ，皆々《みなみな》様お変わりございませんか。今度どんぐりの供出《きょうしゅつ》があり，1人3合《ごう》を集めなければなりません。まだ，わたしは4つぶしかとってありません。東京にいた時はあまり好かなかったスイトン・みょうがかとても好きになりました。

みんなのところへ面会のお便りが来ます。わたしもそれが楽しみ。

（『のびのび』18号より）

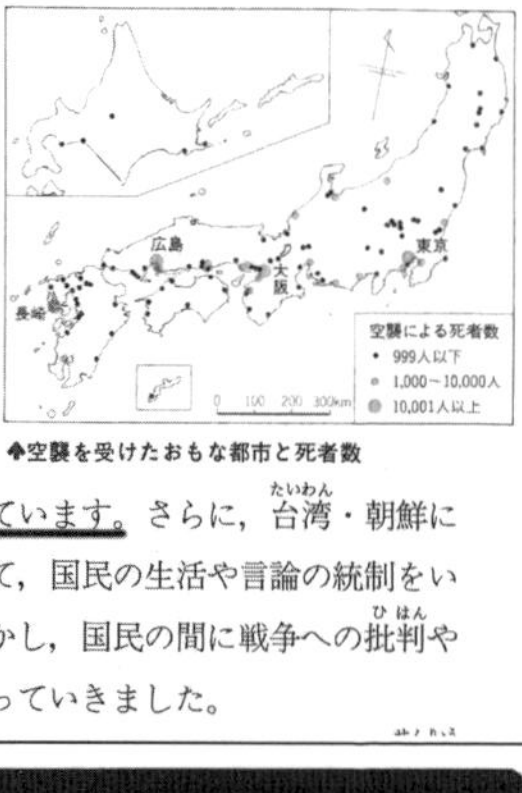

↑空襲を受けたおもな都市と死者数

➔日本政府に戦後補償を求めて，デモ行進する韓国の元従軍慰安婦の人々（1994年，東京）

「慰安婦」問題に関する教科書の記述（部分、下線は編集部。『中学社会　歴史的分野』大阪書籍〈平成8年2月29日文部省検定済〉より）

「慰安婦」記述が登場したことを報道したことが発端だ。

ここまでを読むと、どれだけの記述が教科書に掲載されたのかと思う人も多いだろう。当時私が教えている子どもたちが使っていた教科書を紹介しよう。単元は「第二次世界大戦と日本の降伏」の「戦争と民衆」というところで、本文に「また、朝鮮などの若い女性たちを慰安婦として戦場に連行しています」（『中学社会　歴史的分野』大阪書籍、平成八

■朝鮮人と中国人・台湾人の強制連行　戦時下の日本では労働力の不足をおぎなうために，1941（昭和16）年ごろから，約80万人にもおよぶ朝鮮人を強制的に日本に連行し，炭坑《たんこう》・鉱山などで働かせた。また，中国人も4万人ちかく強制連行した。朝鮮人や中国人は，過酷な労働を強いられた。1945年，秋田県花岡鉱山《はなおかこうざん》で，はげしい虐待《ぎゃくたい》にたえかねた中国人が蜂起《ほうき》し，鎮圧《ちんあつ》された事件がおきた。また，朝鮮や台湾などの女性のなかには戦地の慰安《いあん》施設で働かされた者もあった。さらに，日本の兵力不足にさいし，朝鮮や台湾の人びとに対しても徴兵制《ちょうへいせい》をしき，戦場に動員した。戦後，戦犯となって処刑された人たちもいる。

も徴兵し，多くの学生が学業の半ばで戦場に向かった。

労働力不足を補うため，強制的に日本に連行された約70万人の朝鮮《ちょうせん》人や，約4万人の中国人は，炭鉱などで重労働に従事させられた。さらに，徴兵制（→p.262）のもとで，台湾《たいわん》や朝鮮の多くの男性が兵士として戦場に送られた。また，多くの朝鮮人女性なども，従軍慰安婦《じゅうぐんいあんふ》として戦地に送り出された。

▲朝鮮人の強制連行　土木工事や鉱山などで重労働をしいられた。

や危険な機械操作にとり組まされた。

植民地の台湾《たいわん》や朝鮮《ちょうせん》でも，徴兵《ちょうへい》が実《じっ》施《し》された。慰安婦《いあんふ》として戦場の軍に随《ずい》行《こう》させられた女性もいた。国内の労働力が不足していたため，朝鮮から約70万，中国から約4万の人々が強制連行され，炭鉱などでの労働をしいられた。①

「平成8（1996）年2月29日文部省検定済」の中学社会科歴史教科書の「慰安婦」に関する記述（部分、下線は編集部）。上から清水書院、教育出版、日本文教出版。

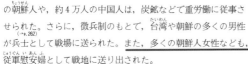

年二月二九日文部省検定済）と記述。「歴史を掘り下げる　今に残る戦争の傷あと」というコラムで、戦後補償問題として「従軍慰安婦や強制連行、日本軍に動員された台湾の人々、国籍による戦後補償の差別などが大きな問題となっています」と記述し、「日本政府に戦後補償を求めて、デモ行進をする韓国の元従軍慰安婦の人々（一九九四年、東京）」というキャプションを付けた写真が掲載されている。

戦争の長期化と中国・朝鮮　しかし，最も多くの犠牲を出したのは中国であった。戦闘《せんとう》や**強制連行**などによって多くの人的被害を出したほか，多くの経済的被害を出した。

また，国内の労働力不足を補うため，多数の朝鮮《ちょうせん》人や中国人が，強制的に日本に連れてこられ，工場などで過酷《かこく》な労働に従事させられた。[*1] 従軍慰安婦《じゅうぐんいあんふ》として強制的に戦場に送りだされた若い女性も多数いた。

＊1 1945年には，在日朝鮮人の人数は，それまでに移住してきた人々(→p.221)と合わせて，朝鮮総人口の１割に当たる二百数十万人に達した。

さらに，日本の植民地であった朝鮮《ちょうせん》や台湾《たいわん》の人々からも多くの犠牲者がでました。戦争で日本国内での労働力が不足してきたので，朝鮮から多くの人々を強制的に日本へ連行しました。この人たちは，鉱山・軍需《ぐんじゅ》工場・土建《どけん》業などで，危険でつらい労働に従事させられました。

これらの地域の出身者のなかには，従軍慰安婦《じゅうぐんいあんふ》だった人々，広島や長崎にいて原爆で被爆した人々，戦前日本領だった南樺太《みなみからふと》に終戦で残留させられた人々などがいます。日本のこれらの地域にたいする国家としての賠償《ばいしょう》は終わっていますが，現在，個人にたいしての謝罪《しゃざい》と補償《ほしょう》が求められています。

戦局が悪くなると，これまで徴兵《ちょうへい》を免除《めんじょ》されていた大学生も軍隊に召集《しょうしゅう》されるようになった。さらに，朝鮮《ちょうせん》から70万人，中国からは４万人もの人々を強制的に連れてきて，工場や鉱山・土木工事などにきびしい条件のもとで働かせた。朝鮮・台湾《たいわん》にも徴兵制をしき，多くの朝鮮人・中国人が軍隊に入れられた。また，女性を慰安婦《いあんふ》として従軍させ，ひどいあつかいをした。

「平成８（1996）年２月29日文部省検定済」の中学社会科歴史教科書の「慰安婦」に関する記述（部分、下線は編集部）。上から東京書籍、帝国書院、日本書籍。

他の教科書も押しなべて二行程度の記述しかない。これでは、「慰安婦」の人々がどのように集められ、どんな場所でどんなことをさせられ、どんな被害にあったのか、彼女らが何を求めているのかはほとんどわからない。しかし、教科書に記載されるということの意味は大きい。それは、教師がその記述の部分を教えることになるからだ。

たったこれだけの記述だが、この問題を否定したい歴史修正主義者たちにとっては許しがたかったのだろう。ここから執拗で大掛かりな教科書攻撃が始まった。メディアでは『産経新聞』『正論』『諸君！』『文芸春秋』『ＳＡＰＩＯ』『週刊新潮』『週刊文春』など、自民党では「〈明るい日本〉国会議員連盟」（奥野誠亮会長、安倍晋三事務局長）、知識人では藤岡信勝氏（当時東京大学教授）などが論陣を張った。こういった動きを受けて、右翼団体が上記のような街宣活動を行い、教科書会社や執筆者に脅迫状を送り付けるところまでエスカレートした。

藤岡信勝氏は『産経新聞』（一九九六年六月二八日付）で「すさまじいばかりの暗黒史観・自虐史観・反日史観のオンパレード」と、後に侵略の事実を記載する著書や研究者・教育者へのレッテルとなる言葉をここで使っている。このレッテルが今なお使われ、それどころか多くの人々に浸透していることが空恐ろしい。

藤岡氏らは、「慰安婦は商行為であり、売春婦だった。強制連行の事実はなく、その証言も信用できない」と主張し続けている。藤岡氏らは一九九六年一〇月に「自由主義史観研究会」として「緊急アピール　中学教科書から〈従軍慰安婦〉記述の削除を要求する」を出し、一二月には「新しい歴史教科書をつくる会」を立ち上げ、みずから中学校歴史・公民教科書を発行すると発表した。

これを受けて、当選五回以下の自民党の若手議員を中心に「日本の前途と歴史教育を考える若手議員の会」が立ち上がったのが、「慰安婦」記述が載った教科書が中学生たちに渡される直前の一九九七年二月二七日。そのメンバーには現在の安倍首相もいた。

このころから、「慰安婦」問題を教えることは危険だという雰囲気が学校現場の中に広がっていった。

「慰安婦」問題を教えた最初の授業

「戦後五〇年」という雰囲気のなかで

三〇年も教えていると、授業プリントや配布物は膨大な量にのぼる。それをきちんと整理してこなかった私には、残っているものから遡っていくほかはない。手元に一九九五年一二月三日付の歴史教育者協議会近畿ブロック集会で報告した資料がある。当時の勤務校の三年生にアジア太平洋戦争を教えた時の実践記録だ。

レポートには、そのころの私の問題関心として「◎アメリカで戦勝五〇周年記念切手として原爆の図柄採用と取り消し　◎アメリカ、スミソニアン博物館での原爆展中止　◎中国、フランス核実験と反核の国際世論　◎日本政府「戦後五〇年決議」（村山談話・資料編一六〇頁参照）　◎沖縄での米兵による少女暴行事件　◎誤った歴史認識を持つ閣僚による相次ぐ発言　◎日米地位協定、日米安保をめぐる沖縄、政府の動き。このような問題を、実際の授業の中で、十五年戦争、戦後史学習に取り入れていくとともに、ここから十五年戦争、戦後五〇年を検証していくことが必要と感じています」と書いている（筆者注――このプリントでは「アジア太平洋戦争」を「十五年戦争」と記していた）。

一九九五年五月三日村山富市首相は、北京の盧溝橋を訪れ、過去の歴史への「深い反省」を表明したが、江沢民国家主席は日本国内に「戦争について日本国内に一部誤った見方をする人がいるが許されない」と強調した。このことが記載された新聞記事を授業の導入に使った。この「一部誤った見方をする人」とは、何を指すのだろう？　一九九四年五月四日から五日にかけて毎日新聞や山陽新聞、北海道新聞で当時の永野茂門法務大臣の発言が報じられている。見出し部分だけを引用すると「戦争目的は正当なもの」「南京事件はでっちあげ」「慰安婦は女性べっ視といえない」というものだ。永野氏はこの発言により在任一一日で事実上更迭される形で辞任した。今や、この発言を聞いてもさほど驚かないほど、歴史を踏みにじる発言が政治家から相次いでいる。責任追及がなされても「問題には当たらない」といった言質でうやむやに終わることにだんだん「またか」という無力感に近い思いが積み重なる。こういった発言を放置していくことが教育への歴史修正主義者からの攻撃を許すことにつながっているのに……。

村山富市氏は一九九四年六月自社さ連立政権（自由民主党・日本社会党〈一九九六年一月一九日以降は社会民主党〉・新党さきがけ）のもとで首相になり、一九九五年八月一五日、閣議決定にもとづき「戦後五〇周年の終戦記念日にあたって」（いわゆる「村山談話」）を発表した。「侵略戦争」という言葉を避けてはいるものの、戦後五〇年に日本の戦争への反省を内外に表明した重要な談話であり、これによってアジア諸国に一定の信頼を得ることになった。連立政権の枠内という厳しい状況で出されたものの、侵略を否定したい右派に対する歯止めにもなったと言えるだろう。大阪府吹田市でもこの談話に先立ち、全国で初めての「平和決議」(正式なタイトルは「戦後五〇周年を迎えるにあたり、憲法の平和原則を守り核兵器廃絶と平和を誓う決議」)が出された。

当時の私の授業は、「戦争を教えたい、知ってほしい」という思いばかりが先行する内容だった。なにせ教科書では一〇時間程度でのところを一八時間もかけてしまったのだ。実際には子どもたちにとっては消化不良になるものだったかもしれないと、今考えると反省しきりだ。

この時の学習では、「慰安婦」問題に正面から取り組むというよりも、日本の植民地になった朝鮮半島での民衆の被害の一面として扱い、最後に戦争責任と戦後補償で取り上げる形にしていた。このころの私は、戦争の実相を学ぶだけでなく、戦争についての責任を問うことや、被害者への償いはできているのかというところにこだわっていた。その根底には歴史の真実を歪曲する勢力への怒りがあったからだ。

性暴力は軍隊が存在する限りなくならない

一九九五年は「戦後五〇年」というだけでなく、「戦後」がない場所が日本にあることを思い知らされた年でもあった。九月四日に沖縄県に駐留する米軍の三名の兵士が、一二歳の女子小学生を拉致し、集団強姦するという事件が起きた。日本本土が戦後を迎えても、アメリカによる支配が続いた沖縄では、米兵による女性への性暴力は後を絶たなかった。一九五五年にも当時六歳の由美子ちゃんが米兵に強姦されたうえ殺害された。由美子ちゃんが発見されたときの様子は痛ましかった。小さな手で草を握りしめて唇をかみしめてた由美子ちゃん。たった六歳の少女が沖縄の人々のすべての悲劇を一身に受けたとしか思えなかった。それなのに、あの日から四〇年たって、また同じ悲劇が起きたのだ。

一九九五年一〇月二一日、沖縄県宜野湾《ぎのわん》市海浜公園に八万五〇〇〇人が集まり、「米軍人による少女暴行事件を糾弾し日米地位協定の見直しを要求する沖縄県民総決起大会」が開かれた。その時、決意表明を述べた普天間高校の生徒の言葉は忘れられない。

1995年10月21日、沖縄県宜野湾市海浜公園で行われた「米軍人による少女暴行事件を糾弾し日米地位協定の見直しを要求する沖縄県民総決起大会」（写真提供／沖縄タイムス）

=米軍人による少女暴行事件を糾
沖縄県民
● 基地の整理縮小を促進せよ
● 米軍人の綱紀を粛正し犯罪を根絶せよ
沖縄県高齢者協同組合
CO·OP
自由法曹

もう、ヘリコプターの音はうんざりです。

私はごく普通の高校三年生です。

たいしたことは言えないと思いますが、ただ思ったことを素直に伝えますので聞いてください。

私はこの事件を初めて知った時、これはどういうこと、理解できない、こんなことが起こっていいものかとやりきれない気持ちで胸がいっぱいになりました。

この事件がこのように大きく取り上げられ、（九五年）九月二六日、普天間《ふてんま》小学校で、一〇月五日には普天間高校で抗議集会が開かれました。

高校生の関心も高く、大会に参加したり、大会の様子を見守っていた生徒も少なくありません。

そんな中、私はこの事件について友人たちと話をするうちに、疑問に思ったことがあります。

米兵に対する怒りはもちろんですが、被害者の少女の心を犠牲にしてまで抗議するべきだったのだろうか。彼女のプライバシーはどうなるのか。

その気持ちは今でも変わりません。

しかし、今、少女とその家族の勇気ある決意によってこの事件が公にされ、歴史の大きな渦となっているのは事実なのです。

彼女の苦しみ、彼女の心を無駄にするわけにはいきません。私がここに立って意見を言うことによって、少しでも何かが変われば、彼女の心が軽くなるかもしれない、そう思い、今ここに立っています。

沖縄で米兵による犯罪を過去までさかのぼると凶悪犯罪の多さに驚きます。戦後五〇年、いまだに米兵による犯罪は起こっているのです。

このままでいいんでしょうか。

どうしてこれまでの事件が本土に無視されてきたのかが私にはわかりません。まして、加害者の米兵が罪に相当する罰を受けていないことには、本当に腹が立ちます。米軍内に拘束されているはずの容疑者が米国に逃亡してしまうなんてこともありました。そんなことがあるから今、沖縄の人々が日米地位協定に反発するのは当然だと思います。

それにこの事件の容疑者のような人間をつくり出してしまったことは、沖縄に在住する「フェンスの中の人々」、軍事基地内の人々すべての責任だと思います。基地が沖縄に来てからずっと犯罪は繰り返されてきました。基地があるゆえの苦悩から早く私たちを解放してください。

今の沖縄はだれのものでもなく、沖縄の人々のものです。

私が通った普天間中学校は、運動場のすぐそばに米軍の基地があります。普天間第二小学校はフェンス越しに米軍の基地があります。普天間基地の周りには七つの小学校と四つの中学校、三つの高校、一つの養護学校、二つの大学があります。ニュースで爆撃機の墜落事故を知るといつも胸が騒ぎます。私の家からは、米軍のヘリコプターが滑走路におりてゆく姿が見えます。

それはまるで、街の中に突っ込んでいくように見えるのです。機体に刻まれた文字が見えるほどの低空飛行、それによる騒音。私たちはいつ飛行機が落ちてくるかわからない、そんな所で学んでいるのです。

私は今まで基地があることは仕様がないことだと受け止めてきました。

しかし今、私たち若い世代も、あたり前だったこの基地の存在の意味を考え直しています。学校でも意外な人が、この事件についての思いを語り、みんなをびっくりさせました。それぞれ口にはしなかったけれども、基地への不満が胸の奥にあったということの表れだと思います。

今日、普天間高校の生徒会は、バスの無料券を印刷して全生徒に配り、「みんなで行こう、考えよう」とこの大会への参加を呼びかけていました。浦添《うらそえ》高校の生徒会でも同じことが行われたそうです。

そして今、ここにはたくさんの高校生、大学生が集まっています。若い世代もこの問題について真剣に考え始めているのです。

今、このような痛ましい事件が起こったことで、沖縄は全国に訴えかけています。決してあきらめてはいけないと思います。私たちがここであきらめてしまうことは、次の悲しい出来事を生み出してしまうからです。

いつまでも米兵におびえ、事故におびえ、危険にさらされながら生活を続けていくのは、私は嫌です。

未来の自分の子どもたちにもこんな生活はさせたくありません。私たち、子ども、女性に犠牲を強いるのはもうやめてください。

私は戦争が嫌いです。

人を殺すための道具が自分の身の周りにあるのは嫌です。

次の世代を担う私たち高校生や大学生、若者の一人ひとりが、嫌なことを嫌と口に出して行動していくことが大事だと思います。

若い世代に新しい沖縄をスタートさせてほしい。

沖縄を本当の意味で平和な島にしてほしいと願います。

そのために私も一歩一歩行動していきたい。

私たちに静かな沖縄を返してください。

軍隊のない、悲劇のない、平和な島を返してください。


この事件の報に接した私には、性暴力に苦しめられ続けてきた沖縄の女性たちと「慰安婦」が重なって見えた。沖縄には金学順さんよりも先に「慰安婦」だったことを証言したペ・ポンギさんもいた。「慰安婦」の問題を考えることは、軍隊と女性への性暴力を考えるうえで不可欠のことだと思い知らされた。このことを子どもたちに絶対に伝えなければ……。

「右翼が来たらどうするんですか?」

一九九六年に文部省の検定に合格した本は翌九七年に入学してきた中学一年生の生徒に配布された。当時の三年生は「慰安婦」記述がある教科書を手に取ってはいない。「新しい教科書を使って子どもたちに教えたい」。思いは強まっていった。

そんな時、読売テレビ（大阪）のディレクターから「今、日本で〈慰安婦〉の授業をしている様子をドキュメンタリーにしたいんですが、協力してもらえませんか？」という電話がかかってきた。「なぜ私なんですか？」と聞くと、歴史教育者協議会に問い合わせたところ、私の名前を紹介されたとのこと。番組は日本テレビ系列で長年続いてきたドキュメンタリー番組「NNNドキュメント」。数少ないドキュメンタリー番組の中で常に質の高いものを作り、世論を喚起してきた存在だ。「毎年七月から八月にかけては戦争に関する番組をメインにしていますが、今年は教科書に〈慰安婦〉が記述されたので、日本の加害の問題などを日本はじめ東南アジアなどでどのように扱っているか取材し、それを番組にしたいんです」とディレクターは言った。私自身は、教科書に載った「慰安婦」について教えられるいい機会だと思ったが、学校の生徒が取材対象になるので管理職に相談しないわけにはいかなかった。校長にお願いに行った。

「平井先生、〈慰安婦〉を記述した教科書会社が右翼に狙われたことを知ってるでしょう？」と教頭。予想を裏切らない言葉だった。

「教科書に記述されるということは学問的に見て真実であり、子どもたちに教えるべき内容だということですよ。それを載せたことで街宣する右翼のほうが問題ですよね」と私。

教頭は沈黙。

「私が〈慰安婦〉について教えたらどんな問題があるんですか？」

「うちの学校に右翼が来たらどうするんですか？　教科書会社にもあんなに押し掛けたんですよ。教えないほうがいいし、取材も受けないほうがいいと思います。取材の結果作られる番組がどんなものになるかもわからないし。攻撃されるような危険があることはしないほうがいいです」

教頭のような発言は、その後私が教育実践への攻撃を受けるたびに管理職などから聞かされることになる。学校現場への外部の不当な介入から学校を守るために、学校や教師の教育課程の編成権を守っていくのが管理職としての本来の責務だ。ところが、そうではなく、混乱をきたさないためにという名目で、教師に対して自主規制を求めていくのだ。そして現場教師は委縮させられていく。売り言葉に買い言葉で私から出た言葉は、

「右翼が来たら、学校を守る立場の管理職の先生が守ってください」

だった。すると、

「平井先生が自分の信念をもってやっている授業でしょう。私は多くの人に見てもらったらいいと思いますよ。もしそれで右翼が来れば、それはその時やなあ。教頭さん」

と校長が言った。

このときほど校長が神様のように見えたことはない。「教育課程の編成権は専門性を持った教職員にこそある」。この校長が日ごろから言っていたことを思い出す。しかし、最近こういった肝の据わった校長はどこに行ったのだろう？

職員会議にもかけ、学校全体の同意を受けて取材が始まった。

番組はCMを入れても三〇分のもの、何回か授業を撮るだけと思っていたら大違いだった。五月ごろから七月初めまで約三カ月にわたってほぼ毎日取材陣はやってきた。長崎への修学旅行にまで同行した。当時の学年の状況はあまり落ち着いておらず、エスケープ、授業妨害などもあったが、子どもたちは取材陣が来ていることを知ってて、「頑張って勉強してるとこ撮影してもらおう」「授業中寝んようにしよう」と言いながら頑張っていた。

アジア太平洋戦争の授業の開始から最後の授業までの取材を徹底してやったクルーに「この後どうするんですか？　膨大な量のフィルムですよね」と聞くと「全部見ます。そ

ＮＮＮドキュメント’97「許そう　しかし忘れまい」
(1997年8月17日放送）で放送された著者の授業風景

のうえで番組を作っていきます」とのことだった。ＮＮＮドキュメント'97は「許そう　しかし忘れまい」というタイトルで八月一七日に放映された。「慰安婦」の証言を使いながら、韓国やフィリピンの学校、日本の学校での加害の授業について描いていた。私が子どもたちに戦後補償についての意見を問うところが最後の場面。当時の中学三年生たちが真剣に考えている様子が大きくアップされていた。

「慰安婦」問題についての歴史修正主義者からの攻撃が強まるなかでも、報道の良心をかけて真正面から「慰安婦」問題を教育現場で教えることの意味を問うたこの番組は素晴らしかった。二〇〇〇年代になるとテレビ局が「慰安婦」問題を扱うことを自粛したり、ＮＨＫでは政治家からの番組への介入が起きるようになる。「慰安婦」を正面から取り上げる番組は徐々に無くなっていった。心配された右翼からの攻撃は無かった。ただし、この時点ではだが。

授業が原因で親子喧嘩!?

「はい、平井先生熱く語る〜！」

授業の前にちゃかす生徒がいる。私の授業はどうも私が熱弁をふるう形になってるようだ。自分ではそんな意識はないのだが、子どもの声は正直だ。

私は検定に合格したばかりの歴史教科書を中三の教室に持って行った。子どもたちが使っている教科書は、「慰安婦」が記載される以前のものだった。そこで私は新しい教科書を広げ、「今までみんなの教科書にはなかった記述が、この教科書にはあります」と授業を始めたのだ。当時の子どもたち曰く、「先生は嬉々として、熱く語っていた」そうだ。

これは教師としては大いに反省すべきことだ。教師が何かのアジテーションのようにとうとうと自分の考えを話す授業は子どもたちの学びにはつながらない。そういう授業を楽しみにしてくれている生徒もいるが、やはり授業改善が必要だとその時に感じた。

実際、NNNドキュメントを見た大学時代の友人からは「熱意は伝わってくるけど、アジっぽかったよな〜」と手きびしい感想がやってきた。いたく反省。原因はわかっていた。

子どもたちに考えさせようとしていたものの、自分自身が伝えたいと思うことを一方的に話し、用意された結論へ導こうとしていたのだ。

当時の授業を振り返る。授業の教材としては、金学順さんが「慰安婦」として名乗り出たときのニュース映像、新聞記事を使った。そこから、「慰安婦」とはどんな人々か、どうして連れてこられたのか、どんな状況にさらされていたのか、彼女たちの主張は何かといったもので構成したが、最終的には日本政府は形だけの謝罪で彼女たちの主張を受け入れていないことや、それを否定する政治家たちの問題を取り上げることで、結論として日本政府は国家として責任を取り、賠償や謝罪をすべきというところに落とし込んでいくものだった。当時の私はこれでいいと思っていた。

でも、子どもたちからの疑問（どうして日本軍は戦場で「慰安婦」を必要としたのか？賠償をしないのはどんな理由か？「慰安婦」だった人々の要求は？なぜ日本の政治家の中に事実を認めようとしない人がいるのか？）は置き去りになっていた。あとで、私に何人もの生徒が疑問を投げかけてきたことがその表れだろう。しかし、これまでの授業で、授業後に疑問をぶつけてくるような生徒が少なかったことから考えると、生徒たちにとってこの「慰安婦」の授業は粗けずりながらも印象に残る、そして興味が持てるものだったのだと思う。当時の私にとっては、「慰安婦」の授業をすることが金学順さんをはじめとする「慰安婦」だった女性たちへの私なりの教師としての応答責任であり、河野談話を実践することだという自負があった。

このころ、漫画家の小林よしのり氏が「新・ゴーマニズム宣言」で「慰安婦」を誹謗中傷するような内容を書いたり、自由主義史観研究会が『教科書が教えない歴史』を発行するなど歴史修正主義の動きが強まっていた。

社会科が大好きな由香が、私のところに憤懣やるかたないという顔でやってきた。

「お父さんに、平井先生の授業だけを信じるんじゃなく、こんな本もあるから読んでみろって言われてん」

と『教科書が教えない歴史』を見せに来た。由香の父は保守的な人だったが、子どもの話を聞かずに一方的に自分の考えを押し付ける人ではなかった。

「一度、読んでみたら？」

「えっ？」

「読まず嫌いより、読んでどこが納得いかないか、考えてみるのもええと思うよ。先生は読んでないけど、読んだらどんな内容か教えてな」

と言うと、

「気が進まんけど、読んでみるわ」

と帰っていった。数日後、

「あかんわ。これは先生の授業とは全然違う」

「どんなふうに？」

「う～ん、日本の人がこんなに素晴らしかったっていうとこがいっぱいあるねん」

「それはあかんの？」

「いや、なんか戦争ってきれいなものじゃない、日本兵はたくさん餓死したって先生は言うてたやん？　でも、この本には兵隊たちはみんな勇ましく戦ったとか、日本の国民は文句も言わずにお国のために頑張ったとか、なんか嘘くさいねん」

「ふ～ん、そうか。この本のことでお父さんとは話した？」

「あんまり～。読み終わった本をほったらかしにしてたから、読んだことは知ってると思うけど、なんも言わんかった」

「この本みたいに戦争のことを美化しようと思ってる人たちもいる。でも戦争を美化したら、またその戦争をくり返そうとする人が出てくるかもしれへん。やっぱり戦争は美化したらあかんと思うねん、先生は」

個人懇談でもこんなことがあった。

ある生徒の保護者が笑いながら、

「うちの晩御飯の時に、平井先生のことをよく娘が話してくれるんです」

「どんなことですか？　きっと私が失敗した話とかでしょ？」

「いいえ、授業のことです。このあいだも、公民の授業のことで、安保条約を習ったって言って、アメリカ軍は日本に基地を置くべきじゃないって言ってました」

「そうですか〜、そんなことを」

「そしたらね、お父さんがアメリカ軍は日本を守ってくれるから基地は要るって言いだして、親子喧嘩です」

「すんません、私の授業が原因で」

「いえいえ、楽しそうに二人で言い合ってましたよ。あとでお父さんはあいつ普段俺と口もきかんのに、今日は言いたいことようしゃべってたなあ、こんなんもいいかもしれんって喜んでました。私はあの子がしっかり世の中のこと考えるようになってくれてるのがうれしいです。まあ、これからも親子喧嘩はあるかもしれませんけど」

子どもたちがしっかり考えてくれていることがうれしかった。

「慰安婦」問題を考える学習会が開催されたときに、保護者と一緒に参加して中学生の立場から、「この問題を習ってよかった」という発言をした生徒もいる。

「慰安婦」の授業をきっかけに、戦争のことや米軍基地のことに関心を持つ生徒が多くはないが増えていった。

「〈従軍慰安婦〉この言葉を聞くと悲しくなる」

一九九七年にアジア太平洋戦争の学習を終えた子どもたちに授業の中で印象に残ったことについてレポートを書いてもらった。タイトルを見ると、「アジアの人々への謝罪」「日本軍の行為と責任」「原爆について」「戦争反対」「まだ終わっていない戦争」「沖縄」「これからの日本に望むこと」「平和とは何だろう」「慰安婦について」「南京大虐殺について」「天皇について」などがある。女子に多かったのが「慰安婦」についてだった。熱く語る平井の「慰安婦」授業だったが、女子たちに与えた影響は大きかったようだ。

当時の感想の一部を紹介する。

A 「従軍慰安婦」この言葉を聞くとちょっと悲しくなる。当時今の私たちくらいの子たちが性的奴隷のようにされていたなんて、いてもたってもいられないくらい許せない。「どうして？」と叫びたくなる。もし私がそんな目にあったら、きっと逃げ出したくなるし、自害したくなると思う。だけど「慰安婦」の人たちはそう思ってもできなかったのだろう。それに対してもっとひどいのが今の日本政府。昔の日本がやったことに対して目をつぶって謝罪をしない。私にとったら許せないくらいひどいことだ。簡単に謝ればいいっていうことじゃなく、日本政府には心から謝ってほしいです。今後二度とこんな女性に対してのひどいこと、そしてその原因になる戦争を起こさないようにしないといけない。そのためにも今の時代に生きる人がこのことを受け継いで次の世代、また次の世代に受け継いで知っておくこと、知らせておくことが私たちにできる最初の一歩だと思う。

B 中学生のうちに習えてよかった。性の問題を尊重する人間になれるよう考えられると思うし、教えてもらわないとわからなかったからです。「慰安婦」の女性たちは今も傷を負って大変だと思います。この問題をちゃんとわかって、少しでもこの人たちに協力したい。そのために何をすればいいか今はわからないけれど、考えたいです。

C 私が「慰安婦」にされたら、たぶんどうにかして死のうと思います。死にたくないけど死んだほうがましです。だから同じ女性として「慰安婦」にされた人たちの気持ちを考えると、すごく悲しくなります。今の日本には信じられないことだけど、五十数年前には起きていた事実だから、関係ないとかで逃げることはできないと思います。戦争ってどんなものなのか、よく勉強してわかれば、誰も戦争は正しいなんていわないと思います。戦争というものが、どれだけ多くの人を傷つけ、悲しませ、犠牲にすることを知れば、世界中から戦争をなくすことができると思います。世界の国々の中で日本はとても豊かだし、毎日幸せに暮らすことができていますが、今もなお内乱や紛争によって家がなく、食べ物もないような国がたくさんあります。私は今までそんなこと自分には関係ないと考えていましたが、戦争を学んでから、目を向けるようになりました。日本にとってはマイナスな面だけど、十五年戦争を学んで自分の考えが深くなったように思います。

D もし逆の立場（自分たちが被害を受けた）なら、日本の子どもたちに本当のことを教えてほしいと思うはず。事実から目をそむけてはいけない。日本が嫌いになるとか言うけど、事実を知らないとまた同じことを若い人がしてしまっては、今まで戦争について語ってきた人々や戦争で亡くなった外国の人々にも、憲法九条を作った意味もなくなってしまう。平和を願うなら事実を知らないといけない。

E 人間は過去のことを糧として、今、未来を生きようとしているのだから、その糧となる事実を消去するのはいけない。

「沖縄」と出合った子どもたち

「あなたが頑張らないとだめなのよ」

私にとって忘れられない人が元ひめゆり学徒隊の宮城喜久子さんだ（編集部注――宮城喜久子氏は二〇一四年一二月に亡くなった）。ひめゆり学徒隊として悲惨な体験をされた宮城さんは、子どもたちに話をするときに、ご自身の体験だけでなく、今の社会の問題やそのなかで起きていることについて必ず語ってくださった。

私が初めて宮城さんにお会いしたのは二〇〇二年だった。修学旅行での子どもたちへの講話をお願いするために、沖縄に会いに行った時のことだ。その時に言われた言葉は今も覚えている。

「9・11テロが起きて、沖縄への修学旅行は減りました。どうしてだかわかりますか？」

「沖縄が危ないと思われているからですか？」

「私に修学旅行での話を依頼された学校の先生も、申し訳なさそうにしながら、沖縄に行くのは今は危ないから行き先を変更しようという決定になりましたので、今回のご依頼はお断りさせていただきますって言うの。あなたはどう思います？」

「沖縄に米軍基地があるから、沖縄が狙われると思われてるんですよね。実際に危ないという判断は学校ならすると思います」

「あなたはどうなの？」「……」

「危ない沖縄。でも、沖縄の人間はその危ない沖縄からどこに行けばいいんでしょう？」「……」

「沖縄を危ない状況にしているのは、誰なんでしょう？」

「基地を置いているアメリカやそれを認めている政府です。……いや、沖縄に基地を置くことを認めている政府を選んでいる私たちなのかも……」

「平井さん、あなたを責めてるのではないのよ。でも、沖縄がそういう状況に置かれていること、そして本土の人間は沖縄が危なければ、旅行の行き先を変更すればいいと思っていること、要するに沖縄が危ないということを、現状のまま容認してることを知ってほしいの」

「先生がおっしゃりたいこと、痛いくらいわかります」

「ごめんなさいね。平井さんにそんなことを言っても仕方がないのに。でも、すっきりしたわ。誰かに話したかったの。さあ、来年の話をしましょう」

「先生、私は沖縄に基地を押し付けて危険なままに置いておいていいはずはないと思っています。子どもたちにもこのことも含めて沖縄の学習をしたいと思います」

こんな会話をして二〇〇三年の修学旅行でお会いするのを楽しみにしていた私は、翌年残念ながら転勤が決まり、中学三年生になった子どもたちだけを沖縄にやってしまうことになった。修学旅行当日、子どもたちは賑やかに保安検査場の入り口をくぐっていった。見送りに行った私は一人伊丹空港に取り残された。

その時のリベンジもあって、転勤した先での沖縄修学旅行でも必ず宮城さんにお話をしてもらおうと思っていた。

二〇〇五年夏休み、翌年の修学旅行の打ち合わせでひめゆり平和祈念資料館に行くと、宮城さんが出迎えてくれた。応接室のソファーに座るや否や、こちらから修学旅行の話を切り出す前に、宮城さんは居ても立っても居られないという感じで話し始めた。

「平井さん、あなた大阪から来られたでしょう？　大阪で大変な裁判が起きてるのよ」

「それ、何ですか？」

今から考えると、なんとのんきな人間だったんだろう。私はその時、大阪で大変な裁判が起きているのを全く知らなかった。

「藤岡信勝さんたちがね、〈沖縄プロジェクト〉というのを立ち上げて、五月に沖縄にやって来たのよ。なんでも、〈集団自決〉について調査するということらしいの。でも調査するって言いながら、この資料館には足も向けなかったけど」

「何のためなんでしょうね？」

「沖縄で起きた〈集団自決〉をご存じ？」

「はい、座間味《ざまみ》や渡嘉敷《とかしき》とか読谷《よみたん》で起きたんですよね？」

「座間味や渡嘉敷の〈集団自決〉は日本軍による指示だっていうことは当たり前なのに、日本軍の戦隊長は命令を下したのではないと主張しているのよ。そのための裁判が大阪で始まっているの」

「どんな裁判ですか？」

「『沖縄ノート』（岩波新書、初版一九七〇年）を書いた大江健三郎さんと岩波書店を訴えて、沖縄にいた日本軍の元隊長たちが始めたのよ」

「え〜っ」

沖縄戦の実相をめぐっておきている大きな裁判。そんなことも知らずに、私は子どもたちを沖縄に連れて行こうとしていたのか。自分が恥ずかしかった。修学旅行の打ち合わせよりも、沖縄戦や「慰安婦」をめぐる歴史歪曲の問題について話し込んだことを覚えている。

「平井さん、あなたが頑張らないとだめなのよ。大阪にいるあなたが。沖縄戦の真実が捻じ曲げられないように一緒に頑張ってほしいの」

お別れの握手をした時の宮城さんの手の温もりと力強さはその後の私のたたかいの原動力になった。

大阪に帰って、大江・岩波沖縄戦裁判について調べてみたが、歴史学にかかわっている研究者たちや沖縄の問題に関心がある人たちの間でも驚くほど動きが鈍かった。

大江・岩波沖縄戦裁判について触れておく。

「新しい歴史教科書をつくる会」の藤岡信勝氏らが中心となって作っている「自由主義史観研究会」が、沖縄戦における座間味島・渡嘉敷島の「集団自決」が一部の教科書に書かれているような日本軍の命令ではなかったことを検証することを目的にして調査する「沖縄プロジェクト」を二〇〇五年六月に立ち上げた。同年八月五日、座間味島戦隊長だった梅澤裕氏（当時大阪在住）と渡嘉敷島戦隊長だった故赤松嘉次氏の弟秀一氏が原告として大阪地方裁判所に裁判を起こした。「両島での住民の集団自決は日本軍の命令によるものではなく、『沖縄ノート』に日本軍の命令と記述したことは名誉棄損に当たる」として、著者の大江健三郎氏と岩波書店に対して名誉棄損と出版差し止めを求めたのだ。この裁判は周到に準備されたもので、提訴に合わせて「沖縄戦集団自決冤罪訴訟を支援する会」が発足し、三〇人を超す代理人が大挙して裁判をバックアップした。その中には、前防衛大臣の稲田朋美氏も含まれていた。

受けて立つ大江健三郎氏と岩波書店を支援する側は、二〇〇六年三月の第三回口頭弁論の夜に学習会を開き、六月九日に「大江・岩波沖縄戦裁判支援連絡会」を発足させた。私もこの会の世話人として参加した。宮城さんの言葉への私なりの応答だった。

裁判は、二〇〇八年三月に大阪地裁で大江・岩波側が勝訴、同年一〇月大阪高裁でも大江・岩波側が勝訴、二〇一一年四月最高裁で大江・岩波側の勝訴が確定した。しかし、彼らの狙いは裁判だけではなかった。それは教科書だった。二〇〇七年三月、二〇〇八年度用の高校歴史教科書の検定結果が発表された。そこで「誤解する恐れのある表現である」と検定意見が付き、「集団自決」の日本軍による強制を示す記述が削除されたのだ。検定結果が報道解禁になる前日、大江・岩波沖縄戦裁判の法廷が開かれた。その法廷を傍聴した私の耳に、原告側の人々が「これでこの裁判の目的はほとんど達成した。明日発表される高校教科書の検定結果で、〈集団自決〉から日本軍の強制が消える」という声が聞こえてきた。彼らにとって、この裁判の目的は教科書だったのだと気づかされた。

沖縄では二〇〇七年九月二九日「教科書検定意見撤回を求める県民大会」が開催された。

ドキュメント

9時40分　糸満市摩文仁の平和祈念公園から宜野湾海浜公園までつなぐ「平和の火」の採火式。糸満市の西平賀雄市長と玉城朗永議長、米須小学校6年の玉城寿倫哉君の3人が採火し、仲里利信実行委員長の持つトーチに点火。

10時00分　トーチが第1走者に手渡され、沿道の声援を受けながら、宜野湾海浜公園を目指す。

11時03分　座間味村の「集団自決」の生存者がフェリーで本島着。

12時ごろ　会場にメッセージボードを手にした人々が集まり始める。座間味村の「集団自決」の生存者も会場入り。県内各市町村の実行委員、会関係者や住民らが会場に向けて出発し始める。

14時00分　アトラクションが始まり、平和を願う歌や踊りで大会前の会場を盛り上げる。

15時00分　諸見里宏美県PTA連合会会長による開会あいさつで「教科書検定意見撤回を求める県民大会」が始まる。宮古・八重山でも併せて「郡民大会」開会。

15時06分　「平和の火」リレー最終走者の新里真大君らが大きな拍手に迎えられながら宜野湾海浜公園の会場に到着。点火台に火がともされる。

15時07分　仲里実行委員長が「今こそ県民が立ち上がって検定にノーと言うときだ」と訴え、仲井真弘多知事が「検定意見に抗議して記述の速やかな復活を要求する」と決意を示す。

15時46分　吉川嘉勝・渡嘉敷村教育委員会委員長が自らの体験を語り「今回の検定には我慢できない。沖縄戦の事実のわい曲を許してはいけない」と訴える。

16時10分　実行委員会の小渡ハル子副委員長が「日本政府は沖縄の歴史を消そうとするのか」と検定意見に疑問を呈し、玉寄哲永副委員長が「文科省のうその証言を県民の力で一蹴（いっしゅう）しよう」と訴える。

16時28分　会場に詰めかけた人数が十万人を超えたことが発表される。

16時30分　大会の決議文が読み上げられ、拍手でもって採択される。

16時40分　来場者が高々とこぶしを掲げてガンバロー三唱をする。検定撤回の実現を誓い、大会が締めくくられる。

17時すぎ　仲里実行委員長が記者会見を開き「国が看過できない数の県民が集まった」と大会成功を確認。

19時ごろ　実行委から宮古、八重山の郡民大会

検定撤回要求

「軍強制記述回復」を決議

文科省　「重く受け止める」
検定意見　従来通り妥当性強調

【東京】高校歴史教科書の「集団自決」検定問題で、先島を含め十一万六千人（主催者発表）が集まった県民大会について文部科学省首脳は二十九日夜「すごい数だと思う」と述べた上で「教科書検定は専門家が行っており、内容について政府が言うことではないと受け止めている。ただ、大会の具体的な内容などについてまだ把握していない。県知事が来ると聞いているので詳しく説明を受けた上で考えたい」と述べた。

文科省は同日、県民大会について「悲惨な戦争の教訓を風化させることなく、次の世代に継承すべきであるという沖縄県民の思いを重く受け止めなければならない」との談話を琉球新報社に寄せた。

その中で「検定は教科用図書検定調査審議会の専門的な調査審議に基づいて実施されている。今回の検定も、審議会の調査審議に基づいて検定意見が付された」と従来の見解を繰り返し、修正撤回には応じられないとの見解を示した。さらに「沖縄戦では集団自決をはじめとする悲劇が起こり、多くの人々が犠牲になったことを学校教育でしっかり教えていく」としている。

内閣府幹部の一人は「県民の気持ちは大きい。政府としてもきちっと受け止めなければいけない。結果は文科省に伝える」と述べた。

テレビ面は24面に移しました

野党、国会で追及へ
民主・菅氏「決議提出も視野」

二十九日の「教科書検定意見撤回を求める県民大会」終了後、民主党、共産党、社民党、国民新党・そうぞう・無所属の会の野党各党は、十月三日から予定される衆院本会議の代表質問で、教科書検定撤回について政府の姿勢をただすことを明らかにした。菅直人民主党代表代行は二十九日、記者団に対し「（質疑で）政府が消極的な姿勢を取れば、国会決議、特に参院で大会決議と同じ決議を提出することも視野に入れる」と表明した。

菅代表代行は「集団自決」の証言者について「国会の委員会で参考人として話を聞きたい。与党が抵抗しても参院では十分可能だ」と、証言者の参考人招致にも前向きな考えを示した。

一方、与野党の県選出・出身国会議員も、超党派による要請行動などに向け、週明けから協議を始めることで一致した。

大会決議文

去る三月三十日、文部科学省は、平成二十年度から使用される高等学校教科書の検定結果を公表したが、沖縄戦における「集団自決」の記述について、「沖縄戦の実態について誤解するおそれのある表現である」との検定意見を付し、日本軍による命令・強制・誘導等の表現を削除・修正させている。

その理由として同省は、「日本軍の命令があったか明らかではない」ことや、「最近の研究成果で軍命はなかったという説がある」ことなどを挙げているが、沖縄戦における「集団自決」が、日本軍による関与なしに起こり得なかったことは紛れもない事実であり、今回の削除・修正は体験者による数多くの証言を否定し歪曲しようとするものである。

このため、これまで口を閉ざしていた多くの体験者が子供たちに誤った歴史を教えることとの危機感から、辛い体験や真実をようやく語り始めている。

また、去る大戦で住民を巻き込んだ国内唯一の地上戦を体験し、一般県民を含む多くの尊い生命を失い、筆舌に尽くしがたい犠牲を強いられた県民にとっても、今回の削除・修正が到底容認できるものではないことから、激しい怒りを示し、そのうねりは県内全体を揺るがす力となって、沖縄県議会での二度の意見書決議、四十一の市町村議会全ての意見書決議へと結びつき、さらには県内地方四団体や民間団体が相次いった。

これに対し、文部科学省は「教科用図書検定調査審議会が決定することであり、理解していただきたい」との回答に終始し、検定意見の撤回と「集団自決」に関する記述の回復を拒否し続けている。

また、今回の教科書検定に際して、文部科学省はあらかじめ合否の方針や検定意見の内容を取りまとめた上で同審議会に諮問していることと、諮問案の取りまとめに当たっては係争中の裁判を理由にし、かつ、一方の当事者の主張のみを取り上げていること、同審議会では「集団自決」の議論が全くなされていなかったことなど、新たな事実が相次いで判明したのにもかかわらず、依然として対応を改めようとしていない。

教科書は未来を担う子供たちに真実を伝える重要な役割を担っている。だからこそ、子供たちに、沖縄戦における「集団自決」が日本軍による関与なしに起こり得なかったことが紛れもない事実であったことを正しく伝え、沖縄戦の実相を教訓とすることの重要性や、平和を希求することの必要性、悲惨な戦争を再び起こさないようにするためにはどうすればよいのかなどを教えていくことは、我々に課せられた重大な責務である。

よって、沖縄県民は、本日の県民大会において、県民の総意として国に対し今回の教科書検定意見が撤回され、「集団自決」記述の回復が直ちに行われるよう決議する。

二〇〇七年九月二十九日

県民へのアピール

砲弾の豪雨の中へ放り出され
自決せよと強いられ
死んでいった沖縄人の
魂は
怒りをもって再びこの島の上を
さまよっている

いまだ砲弾が埋まる沖縄の野山に
拾われない死者の骨が散らばる
泥にまみれて死んだ魂を
正義の戦争のために殉じたと
偽りをいうなかれ

歴史の真実をそのまま
次の世代へ伝えることが
日本を正しく歩ましめる
歪められた教科書は
再び戦争と破壊へと向かう

沖縄戦の死者の怒りの声が
聞こえないか
大和の政治家・文科省には
届かないか
届かなければ　聞こえなければ
生きている私たちが声を
一つにして
押し上げ　訴えよう

9・29教科書検定意見

宮古・八重山　史実継承訴え
計6000人参加

【宮古・八重山】高校歴史教科書の「集団自決」検定問題で、宮古、八重山の郡民大会が二十九日、両地域で開催された。宮古大会には二千五百人、八重山大会には三千五百人（いずれも主催者発表）が参加し、国へ検定意見撤回を求める大会決議を行った。

平良の多目的前福運動公園場で開かれた「教科書検定意見撤回を求める宮古郡民大会」（同実行委員会主催）には、宮古島市の伊志嶺亮市長や多良間村の下地昌明村長をはじめ労働者、PTA、高校生の代表らが登壇し、戦争の実態を伝える大切さを訴えた。

石垣市総合体育館で開かれた「教科書検定意見撤回を求める八重山郡民大会」（同実行委員会主催）には、大浜長照石垣市長、大盛武竹富町長、外間守吉与那国町長をはじめ、戦争体験者や高校生の代表らが登壇し、教科書検定意見の撤回を訴えた。

合意文案を中国が提示
無能力化「年内」に言及

【北京29日共同】北朝鮮核問題をめぐる六カ国協議は三日目の二十九日、議長国中国が合意文書の草案を各国に提示した。複数の協議筋によると、草案は北朝鮮の非核

(1) 総合 1版 (1968年2月2日第3種郵便物認可)

主な紙面紹介
3面 「妻は家庭」反対 初の過半数
35面 力士急死、親方は介抱指示せず
告別式の案内 11面 ryukyushimpo.jp

ABC認証紙

琉球新報
THE RYUKYU SHIMPO
第35462号

2007年(平成19年) 9月30日 日曜日

11万6000人結集

県民大会に集った11万人の参加者=2007年9月29日午後4時ごろ、宜野湾海浜公園(本社チャーター機から山城博明)

復帰後で最大 文科省を批判

9.29 検定撤回 県民大会
2、3、34、35面に関連 15、16、17、18、19面に特集

文部科学省の高校歴史教科書検定で沖縄戦における「集団自決」(強制集団死)の日本軍強制の記述が削除・修正された問題で、二十九日午後三時から宜野湾市の宜野湾海浜公園で開催された「教科書検定意見撤回を求める県民大会」(同実行委員会主催)には十一万人が参加。宮古、八重山の郡民大会も含めると、県内外から十一万六千人(主催者発表)が結集した。一九九五年十月二十一日の米兵による少女乱暴事件に抗議する県民大会(宮古、八重山を含め九万人)を上回る復帰後最大の抗議集会となった。検定意見撤回と記述回復を求める決議を満場一致で採択。県民の声を追い風に、実行委員会は十月十五日に上京し、福田康夫首相や渡海紀三朗文科相らに要請する意向。

仲井真弘多知事は国への要請行動に参加する方向で、週明けに日程調整に入る。

秋田国体開幕 県代表、堂々行進

日本ハム連覇

金口木舌

2007年9月29日、沖縄県宜野湾市海浜公園で行われた「教科書検定意見撤回を求める県民大会」を報じる『琉球新報』(2007年9月30日付)。通常のテレビ欄を中面に移動し、第1面と第36面をつないだ巨大な見開き記事となっている。

参加した人々は沖縄戦をゆがめることへの悔しさをにじませ、「歴史の風化は戦争をまねく」「沖縄戦の実相を教科書へ！」などのプラカードを掲げて抗議した。「沖縄戦の真実をゆがめるのは許せない」と「集団自決」の体験者も名乗り出て語り始めた。現在使われている教科書でも、この検定意見は撤回されていない。政権にとって歴史の中で子どもたちに教えたくないことの一つが「集団自決」だったからだ。

教科書から消えた「慰安婦」

二〇〇六年に沖縄に修学旅行に行った子どもたちが使っていた教科書から、「慰安婦」記述は消えていた。帝国書院や日本書籍新社、清水書院だけがかろうじて脚注で残していたが、吹田の中学校で使う大阪書籍版にはまったく無くなっていたのだ。その背景には政府閣僚たちからの「慰安婦」の事実を捻じ曲げる発言やメディアの自主規制、教科書会社への圧力などがあった。

二〇〇三年、小泉純一郎内閣のもとでイラク復興支援特別措置法ができ、自衛隊がイラクに人道支援の名目で派遣された。この派遣が原因で、二〇〇四年四月、三人の日本人が武装勢力に人質としてとられたのちに解放されたが、二〇〇五年一〇月には一人の日本人青年が人質となり殺害される事態が起きた。同年、先に紹介した大江・岩波沖縄戦裁判も起き、歴史の真実を捻じ曲げる動きが加速していた。共謀罪の上程が行われたのもこのころだ。

歴史修正主義者からの近現代史へのバッシングは激しさを増していた。とくに南京大虐殺、日本軍「慰安婦」、沖縄戦「集団自決」が攻撃の対象になっていた。このバッシングにどうやって教育現場で抗うかが大きな課題となった。

二〇〇六年子どもたちの沖縄への出発は四月二二日。三年生になるとすぐだ。この時までに近現代史を学ばせておきたい。二年生の三学期から社会科と総合的な学習の時間を使ってアジア太平洋戦争と沖縄をめぐる問題に取り組んでいった。

「慰安婦」の授業は、導入は金学順さんの記者会見。慰安所の場所、「慰安婦」にされた人々の経緯や状況を紹介。「慰安婦」にされた人たちが戦後どんな人生を送ったかということ、そのうえで四〇年以上もたってから自ら名乗り出た人たちの思いやその意味を考えるという授業を組み立てた。また、ペ・ポンギさんのように沖縄に連れてこられた「慰安

ペ・ポンギさん（写真提供／川田文子）

婦」がいたことも紹介した。

そこから、金さんたちの要求（後述）、それにこたえない政府の対応の事実を知っていく。生徒たちからは「なぜ軍隊に〈慰安婦〉が必要なのか？」という質問が出てきた。それに対して、「日中戦争と抗日の戦い」の授業で、日本軍による強姦の多発や戦場での現地調達主義の授業を振り返らせると、「強姦の防止」「女性もモノとして調達した」「日本軍の兵隊の強姦を公的に認めたもの」という意見が上がった。

この時の授業ではリアルタイムで起きている問題として認識を深めたかった。金さんが立ち上がってから、一〇件の「慰安婦」に関する裁判（資料編一七三頁参照）が起きていることを紹介し、裁判の背景に何があるのかを考えていく。「一人だったらできなかったけど、被害を受けた女性たちが一緒に行動し始めた」「自分を責めてきた女性たちが、そうじゃないって思うようになった」「年をとって死ぬ前に、自分のプライドをとりもどしたかった」「日本政府に公式に謝罪をさせたいと思った」「みんなで立ち上がるなんてすごい！　その裁判はどうなったの？」という声が出てきた。

裁判結果について、「いずれも〈慰安婦〉たちの訴えが退けられたが、一〇件のうち八件は〈慰安婦〉の方々の被害については認められた」と話すと、生徒からは「なぜ被害を認めてるのに、〈慰安婦〉が負けるの？　おかしい！」という声が。この答えはあえて出さなかった。そのほうが、子どもたちがそういった判断を下した司法や「慰安婦」問題の解決に向けた政府の対応を自ら問うことにつながっていくと思ったからだ。

渡嘉敷島のアリラン慰霊のモニュメント

一九九七年の歴史教科書と生徒たちが使っている教科書（吹田市の教科書は一九九七年までは大阪書籍、その後は大阪書籍の版権を買いとった日本文教出版）を並べて見せた。「慰安婦」の記述の有無から、なぜなのかを考えてもらおうとしたのも当時の社会状況を知ってほしかったからだ。

「慰安婦」が記述された経過として、当初政府は軍の関与を否定していたが、金さんの証言を発端にして、調査に乗り出し、最終的には河野官房長官が軍の関与を認定し謝罪したこと、そのことが教

在韓日本大使館前で行われている水曜デモ

科書に記述される契機となったことを紹介した。そして、「今、その記述が無くなっている」と。

授業の最後では、金さんの願いを証言に戻って考えさせるとともに、韓国の「慰安婦」の人たちやその支援者が韓国のソウルにある日本大使館の前で行っている水曜デモを紹介し、彼らの要求（①日本軍「慰安婦」の法的認定、②国会決議謝罪、③実態を明らかにすること、④慰霊碑・資料館を建てること、⑤法的賠償、⑥歴史教育で教えること、⑦責任者の処罰）を示した。一方、河野談話が守られていない状況や政治家による繰り返される否定発言（「慰安婦はゴミみたいな存在」「慰安婦は明らかに嘘をついている」「お金を稼いでいた」「強制ではなかった」）から、私たちはこの問題にどう向き合えばいいのかと投げかけた。

ずいぶん盛り沢山だ。子どもたちはどう受け止めたのだろう。

行動する勇気を引き継ぎたい

「慰安婦」の授業をした後に生徒が書いた短い感想を紹介する。

A 「慰安婦」が長いあいだずっと沈黙を守って、四〇年以上たって発言したことはすばらしいし、そんなに長い間つらい思いをさせていたと思うと日本政府の行為は許せない。でも、「慰安婦」の人たちが立ち上がって行動する勇気を私たちも引き継ぎたい。

B つらくて、思い出すのもいやで、自分が許せなくて……。「慰安婦」の方々のことを思うと涙が出てくる。でも、彼女たちがやっと日本政府に自分たちの要求をあらわすことをしたことが私にはすごいと思う。

C この問題は、人種差別だし、女性差別だ。強制かどうかじゃなくて、絶対逃げられないようなところに追いやって、毎日毎日何十人もの兵士の相手をさせるなんて、殺人に近い。自分が兵士になったら、女性を女性とも思わないような人間になってしまうのかと思って怖くなった。

D 日本人としてここまでひどいことをやっていたなんて認めたくない。「慰安婦」の授業はそういう意味で印象に残っている。

感想を読むと、「慰安婦」をはじめとする戦争の実態を学んだことを機に戦争について深く考えるようになったというものが少なくない。「自分の国のことを知ることによってこそアジアとの友好をつくっていける」「自分たちには戦争の責任は無いのではなく、戦争を知らない世代として歴史を知り、それを引き継いでいく責任がある」と書く生徒。「謝罪をするのは政府だが、日本人として過去のことを知り、負の部分も含めて、憲法九条を土台にして平和な社会を築きたい」と平和への強い思いが感じられるものもあった。

また、戦争の被害者だった「慰安婦」が四〇年以上の沈黙のときを経て、自ら声を上げ、支援者と連帯することによって女性の地位を向上させる運動の担い手となっていく「慰安婦」の姿を知り、「慰安婦」たちが歴史を動かす主体となっていくことへの共感を感じた生徒もいた。一方で感情の面からこの問題を認められないと言い続けた生徒もいる。

こういった認識を深めていく場として沖縄修学旅行を位置づけた。沖縄戦を含めたアジア太平洋戦争を学び、基地問題に触れた子どもたちが平和の問題についてどう自分の考えを深化させていったのか見てみよう。

修学旅行が子どもたちを変えた

二〇〇六年四月二二日、朝日を浴びてウキウキしてる生徒たちとは対照的に、引率教師の顔は心なしか陰っていた。「不安」。修学旅行に向かう教師たちが抱いていた気持ちだ。「飛行機、引き返さんで無事沖縄に行けたらええけど」。他学年の教師から言われた言葉は今も忘れられない。サボタージュ、教師への暴言、授業妨害など落ち着かない状況が続いた学年。それでも学年教師集団は、民主的な考え方を共有しながら、即効性はなくても、地道な対話を子どもたちと続けていく方法で希望を見出そうとしていた。

生徒たちの心の琴線に触れるものは何か？　わかる授業、子どもを引き付ける授業を通して、生徒たちを変えることはできないだろうか？

私は、アジア太平洋戦争や沖縄総合平和学習を通じて、感情に訴えかけるだけでなく、戦争というものの実相を知らせ、現在の問題を提起することで、彼らの正義感を引き出したかった。沖縄に行く子どもたちに、沖縄で戦争のリアルを見、沖縄に基地が集中する現状を知ってほしい。そこから、平和について考えてほしかった。そして、その平和な社会を作る主体者として、足元から見つめてほしかった。

子どもたちを乗せた飛行機は引き返すこともなく無事那覇空港に着いた。熱風が頬をなでる。子どもたちはいくらか高揚し、緊張していた。まずは平和学習だ。多くの人々が「鉄の暴風」から身を守るために潜んだガマ。沖縄県八重瀬《やえせ》町のヌヌマチガマはぬかるんでいた。子どもたちは緊張しながら入っていった。日本軍が病院壕として使用していたガマの中で、平和ガイドから話を聞いて、教室での学びとつながったことに驚く生徒。あまりにも緊張しすぎて慎哉が貧血を起こした。慎哉はクラスで一番やんちゃで、彼の言葉がどういうものかでクラスの雰囲気が変わる影響力の大きい生徒だった。

「どうしたん。いつも威勢のいいあんたが？」

「俺、こんなまじめに人の話聞いたん初めてや」

「なんかショックなことあったん？」

「う〜ん、こんな真っ暗なガマが病院として使われていたなんてショックやったし、他のガマには〈慰安婦〉がいたところもあるって聞いて、沖縄にも〈慰安婦〉がいたことに驚いた。それと沖縄戦では一般住民が日本軍に虐殺された話も」

「戦争があった場に立つっていうことは、戦争を実感することやねん」

「もう、かなり実感してる」

沖縄県八重瀬町のヌヌマチガマで平和ガイドから説明を聞く子どもたち

ひめゆり学徒隊の宮城喜久子さんのお話で会場の最前列に並んだのは、普段は学校で授業をちっとも聞かないやんちゃ坊主たち。一緒に行った教師が不安な声で私に話しかけた。
「なんであんな前にあの子ら、座ってるんやろ？　騒ぎ出したらどうします？　平井先生。これやから席を決めといたらよかったんや」
「いや、こういう時こそ生徒たちの姿勢が表れるねん。あの子たちは聞きたいと思ったんよ」
最前列に陣取ったやんちゃ坊主たちは、こちらの心配を吹き飛ばすかのように最後まで熱心に聞いていた。修学旅行で最も印象に残ったことととして健太郎は書いた。健太郎は正義感あふれる正統派の生徒。

「宮城さんの言葉で最も印象に残った言葉は〈これからの時代は銃や爆弾ではなく、言葉で平和を築いていく時代〉。平和を築くのは言葉。そう思うと、僕にも何かできそうな気がします」

沖縄戦を伝える責任

「沖縄の劇せえへん?」文化祭の演劇を決める会議で、私は提案した。すぐに一蹴されるかと思ったところ、「沖縄で話を聞いた宮城喜久子さんからあなたたちが戦争のこと伝えてほしいって言われたらから、やろう」と、いつもすぐ調子に乗る政男が言った。政男は文化委員だが文化とは程遠い生徒だった。何か言われるとすぐキレる、でも涙もろくて人には優しい。そして慎哉も手を挙げた。いつも教師をてこずらせることが多かった二人が沖縄の劇を推薦したことにみんなも驚いた。「宮城さんの話を聞いた自分たちには伝える責任があるやろ。コミカルな劇なら、他のクラスでもできる。でもこの劇は僕たちのクラスにしかできないんや」。

一方、「本当にやったらいいのは沖縄の劇だけど、この重要なメッセージを伝えられるかどうか自信がないわ。それに重たすぎて、つらくなる」と言ったのが、一番まじめに沖縄のことを勉強していた亜弥だった。亜弥は優等生を絵にかいたよう生徒。でも、一年の時のクラスでの発言が原因で友達に誤解され友達関係がうまくいかなくなった経験から、自分の意見はいつも最後に発言するようにして人付き合いには用心していた。

クラスでの話し合いではコミカルなミュージカル劇と沖縄の劇がほぼ拮抗していたが、一票差でコミカルな劇に決まった。政男と慎哉は不満そうだった。ところが、文化委員会で、他のクラスと演目がバッティングすることになったとき、政男と亜弥は顔を見合わせて、バッティングした演目を他のクラスにゆずり、沖縄の劇「一九四五年夏　オキナワ私たちは戦場にいた」に変更した。後で二人に聞いてみると、「きっとクラスのみんなは納得してくれると思ったから」という返事が返ってきた。二人が文化委員会での結果を発表すると、みんなが頷いた。

劇はひめゆり学徒隊を主人公に、負傷した兵士やひめゆり学徒隊を引率した教師たちも登場し、戦場で人々の思いが錯綜する。

「ガマで見殺しにされた兵隊は、心から天皇陛下バンザイって言ったのか?」

「日本軍は民衆を守らなかったとはっきり言おう」

練習の中で、生徒たちは当時の人々の心情に思いを馳せ、修学旅行で学んだことを追体験していった。

劇の最後、ひめゆり学徒を演じた亜弥は、平和への思いを訴えた。

「どんな理由があっても戦争は許せません。国と国とが戦いあっても人と人との間はそうではありません。生命こそ最上のものです。生命の中にこそ最上の価値があるのです。友のためにも精一杯生きていくことが、あの時の沖縄の悲劇から私を救ってくれるのです。私たちが、この平和を守り続けていくことが、犠牲者への今できる精一杯のことなのです」

拍手が鳴りやまず、幕が下りても、舞台の上で子どもたちは静かに一九四五年の戦場の世界にいた。

文化祭も終わり、職員室に遅くまで残っていた私のところに慎哉がやってきた。

「先生、ちょっと」

「どうしたん? もう六時過ぎてるで」

「先生、あのな……。この劇やらせてくれて、ありがとう」

ぼそっと照れくさそうに言う慎哉の眼には光るものがあった。とっさに、

「私こそ、……ありがとう」

そう言うのが精いっぱいだった。

文化祭で子どもたちが取り組んだ演劇「1945 年夏　オキナワ　私たちは戦場にいた」

平和の礎《いしじ》の刻銘をたどり、一人ひとりの死を受け止め、命の重さを実感した生徒。戦争への疑問を投げかける生徒。一部の権力者が私利私欲のために行うのが戦争の本質と言った生徒。武力によらない平和を探ろうと言う生徒。沖縄の人々の痛み（戦争による痛みや現在の基地の押しつけによる痛み）や思いを受け継ごうとする生徒。次の世代に語っていこうとする生徒。「何が自分にできるのか」と問う生徒。

今回の劇をした子どもたちは、劇の

中で沖縄を追体験し、平和を実現し戦争を起こさないために何ができるかということを考えた。彼らは、教室での学びと沖縄で学んだことを結び付け、日本の政治や世界の平和について真剣に考え始めた。この劇を終えて亜弥が書いた文章だ。

最初のころ、私たちに沖縄を伝える演技ができるかとても不安でした。けれど、練習を重ねるうちに、その心配は無用だと気付きました。負傷兵たちは、みんな痛々しそうでした。青酸カリでの自決シーン、宮城先生が「いかないで！」という言葉を残して亡くなるシーン。舞台のそでで見ているだけで悲しくなりました。たかが素人の演劇、それでも全員が一生懸命演じたので、当時はきっとこんな場面がいくつもあったのだろうと思わせるものにできたと思います。

私たちにできることは、戦争の悲惨さを知り、自分がこのすばらしい環境に生まれ育ったことに感謝し、当時一生懸命生きようとした人々に恥じないよう「精一杯生きていくことだ」と思います。私の演じたひめゆり学徒の最後のセリフもこのことを強く訴えていました。四組だからこそできたこの劇。一回一回の練習を本気でやり、それぞれが考えて様々な工夫を施しました。「ありがとうございました！」声をそろえ、お辞儀をしたときに迫ってきたあの拍手。体の奥まで響いたような気がします。「伝わったんだなあ……」。

「署名集めてるねん!」

「センセ〜!」。二〇〇六年一一月、駅頭で教育基本法改正反対のビラまきをしていると、塾に行く途中の二人の子どもたちが通りかかった。

「僕らも一緒に配ります!」

という彼らに、

「いやいやあんたらには配らせられへんねん」

やる気満々のところを追い払われた子どもたちはぶすっとしながら塾へと向かっていった。中学生たちも教育基本法の改正の問題は気になっているのだ。翌朝、昨夜の子どもたちが「センセ〜。あんなに大切な問題やのに、ビラ受け取る人少なくて腹立ったわ」と怒りながら私に話しかけてきた。子どもらが何やら動いてるらしい。

ある日、うちのクラスの慎哉が、

「先生、俺署名集めてるねん！」

と打ち明けてきた。

「なんの？」

「教育基本法改悪反対に決まってるやん！」

「エエーッ！　ほんまかいな！　あんた、脅して署名集めてるんやないやろな？」

「ちゃんと対話してるよ！　最初はなかなかわかってもらわれへんかってんけど、〈教育基本法は教育の憲法や。その法律が政府によって変えられるとしたら、戦争に協力する愛国心を持った子どもを作ろうとしてるに決まってるやん〉って話したら、けっこうみんな〈恐ろしいことが起きてるねんなあ〉って言うて署名してくれる。学年の半分は集まった」

「あんた、なんでそんなこと考えたん？」

「子どもが正しいと思ってて、大人が間違ってる時もあるやろ？　でも、そんなときでも子どもは従わされる。俺はそんなとき、自分が悪く思われるって思っても、従われへんねん。要領よくやろうと思っても自分が納得できんかったら従いたくないねん。俺は安倍さんが総理大臣になってほんまに怖い。共謀罪の法律ができて、教育基本法が変わったら、学校は変わる。今以上に管理的な教師が増えて、何もかも押し付けてくる。生徒の言うことなんか、誰も聞けへん。学校ですべてが強制される。それが迫ってきてると思う」

慎哉は真剣に考えていた。

一一月六日、教育基本法改正案は衆議院特別委員会で野党欠席のまま強行採決。

翌日の慎哉は沈んでいた。でも彼はあきらめていなかった。こんなメールを送ってきた。

「自分と同じ気持ちでほんとに沢山の人が行動を起こしているのに勇気をもらいました。後世の人たちに苦しく辛い思いをさせないためにも、今、自分ができることをすべてやりつくそう、そして何としても廃案にする、そう思いました」

慎哉が自らの意思でこういった行動をするような社会認識が育っていたのは、決して学校だけではなく民主的な家庭環境も影響していることを知ったのは卒業後のことだ。

私たちの声を聞いて

「先生、クリスマスライブ中止やって！　なんでいつも私らのやることが中止されるん？」

職員会議で生徒会担当者が突然、「有志によるクリスマスライブを学校として行うのはおかしい」という理由を持ち出して、クリスマスライブ中止を発表したのだ。本当の理由は「三年の学年が問題行動を起こすから」ということだった。

ライブ中止の知らせに子どもたちは色めき立った。

「何もしないまま卒業していくことは、〈荒れた学年〉というレッテルを認めることになる。私たちの声を聞いてほしい」と主張する子どもたち。問題を起こす仲間を冷ややかに見ていた子どもたちも、行動を起こし始めた。

「全校朝礼は絶対遅刻せんといて！」

子どもたちはメールを回した。

慎哉からは心配のメールが届いた。

「先生、メールの中身が混乱してて、今の情報だけやったら先生らにつっかかっていくやつが出るかもしれへん。そんなことになったら民主的にやろうとする運動がぶち壊しになるやん」

「あんたの言う通り。なんにしろ、まずは明日の全校朝礼に遅刻せんこと。それから早まって先生とかに暴言とか吐かんこと、それだけは絶対言うてや〜」

と頼んだ。

この子どもたちの取り組みこそ、学校での教育基本法を守る取り組みだった。子どもたちとそんな気持ちを共有しあっていたように思う。子どもたちの自主的な活動が学校の一方的決定によって規制され、奪われていく状況を見過ごせば、もっと大きな波がやってきたときにたたかえなくなる。子どもたちに、自分たちの考えをはっきりと主張し、おかしいと思ったことに声を上げていくことの大切さを常に言ってきた。卒業まであと四カ月足らずだからこそ、子どもたちに無力感をもたせたまま卒業させたくなかった。

一二月四日月曜日の全校朝礼。いつもなら遅刻だらけで櫛の歯が欠けたような三年生の場所。眠い目をこすりながら三年の生徒全員が揃っている。その姿に校長も教師たちも目を丸くした。一時間目のホームルームで代議員たちはライブ復活署名を集めた。当初は意見も分かれた三年の学年集団も子どもたちを応援していくことで団結した。

木曜日のホームルームで、代議員が校長先生と先生方へのお願いの手紙を読んだ。

木曜日は球技大会だった。子どもたちは、

「先生、国会に行かんと私たちのためにたたかってな」

「そうやな〜、たたかうわ職員会議で」

「職員会議もそうやけど、球技大会やん！　だから一緒にたたかうの！」

本当なら、東京の国会議事堂前での教育基本法反対のデモに行く予定だったが、「教育基本法も大切やけど、学校の民主主義を守るたたかいも大切やから」と自分に言い聞かせていると、慎哉が「先生、国会行かんねんなあ。俺は行ってもらいたかった」と物足りなさそうに言ってきた。「学校の問題と教育基本法の問題はつながってるで」と言う私の言葉は彼にどう響いたのだろう？

球技大会でアベック優勝した四組。

「先生、これで元気出た？　次は職員会議で先生が頑張ってな」

と励まされる始末。

うれしいことに、学年のＰＴＡも昼休みに校長に申し入れに来てくれていたので、その思いに励まされながら代議員とともに放課後に校長に交渉。真剣な三年代議員全員を見て、「君たちの頑張りは見せてもらった。前向きに考えよう」と校長は言うほかなかった。あとは職員会議だ。

子どもたちの手紙を読みながら訴えたが、「自分たちがやってきたことの結果を思い知らせるほうが世の中の厳しさがわかる」という意見が返ってきた。予想していた意見だが、この言葉には子どもをどう育てるかという視点はない。「悪いのなら、何が悪いか理解させるのが教育です。悪ければなんでも規制するんですか？　それは教育じゃありません」と私。三年の教師集団は「子どもたちの意欲や希望を失わせないでほしい」の一点張りで臨んだ。「子どもの思いを尊重して三学年主催でやってもらう。担任と生徒・保護者の信頼関係を大切にしたい」――この校長の一言で、クリスマスライブは続行することになった。

一二月二一日、クリスマスライブでの子どもたちの顔はどれも満足感に満ちていた。ライブは有志によるものだ。「関係がない」と言う生徒もいた。それでも多くの生徒が立ち上がった。それは自分たちの意見も聞かれることなく自分たちに関することが決まってしまう理不尽さに対しての意見表明なのだ。「ちょっと待って、私たちの声を聞いて」と言いたかったのだ。そのことをただバラバラに主張するのではなく、民主的な手段を用い、筋を通して主張しようとしたところに子どもたちの成長を感じる。子どもたちが主権者としての第一歩を踏み出した瞬間だ。

戦争の実相や安保の問題を沖縄という場で聞き、見て、学んだ生徒。未来をつくる人々が希望を語りながら、どんな場面でどんな行動をするか、民主的な社会や平和な社会をつくっていくかを考え学ぶ場が学校なのだ。

修学旅行で見た沖縄の米軍基地の巨大さに驚いた私たち。その日本の基地からたくさんのアメリカ軍兵士がアフガンやイラクに出兵していることを知り、とても悲しい気持ちになりました。そして基地のせいで沖縄の人々が戦闘機の騒音や兵士による暴力などで苦しんでいることも知りました。私たちは決して人をたたく立場には立ちたくありません。

二〇〇七年、こんな卒業の言葉を残して子どもたちは飛び立っていった。

ハルモニとの約束

在特会がやってきた！

二〇一〇年八月、ナヌムの家を訪ねた。迎えてくれたのは当時ナヌムの家でハルモニたちの支援をしていた村山一平さんと古橋彩さん。「お昼ご飯、まだでしょ？」と、さっそく食堂に通された。ハルモニたちはにこやかにお昼ごはんを食べている最中だった。突然の闖入者《ちんにゅうしゃ》に最初に声をかけてくれたのがペ・チュンヒハルモニだった。「どこから来たの？　何してる人？」と矢継ぎ早に聞かれ、「大阪で中学校の社会科の教師をしてます。ハルモニたちのことを授業で教えてます！」と言うと、「いっぱい食べてね。食べてから話しましょう」と笑顔で返してくれた。ナヌムの家を訪ねたのには理由があった。

その年の七月六日、突然勤務校に保護者の知り合いと称して、電話があった。「平井先生は、偏った授業をしていると思います。かなり左寄りのことを教えているとプリントを見て思いました。従軍〈慰安婦〉や沖縄の〈集団自決〉を教えていることに関して管理職に話をお聞きしたい」というものだ。管理職からそのことを告げられた私はピンとくるものがあった。「部外者を学校にいったん入れてしまうと、混乱を来す可能性があります。入れないほうがいいと思います」と言ったが、「保護者の関係者としてやってくる以上、会わないわけにはいかない。ただし、平井さんには会わせない」と取り合ってはもらえなかった。

「本当に保護者の関係者だったらいいんですけど……」

予想通りやってきたのは保護者の関係者ではなく、在特会のメンバーだった。

私はこの前年の二〇〇九年に在特会に攻撃されていた。大江・岩波沖縄戦裁判に関係して、大江氏や岩波書店を支援する立場で活動していた私に「公務員が政治活動をしている」と難癖をつけ、攻撃してきたのだ。内容は「政治活動をしている平井を処分せよ」「処分しなければ校区にビラを撒く」というものだった。しかし、「政治活動には当たらない。処分に該当しない」と教育委員会は判断を下した。おさまりがつかない彼らは、今度は「平井は沖縄戦の〈集団自決〉を教えている。裁判で係争中の問題を授業で教えているのはおかしい」と授業内容を攻撃してきたのだ。しかし、この攻撃に対しても「教科書にも記載されている事実。平井先生の授業に瑕疵はない」という教育委員会の回答に、「平井がたとえ今後どこへ転勤しても、追いかける！」という捨て台詞を吐いて彼らはこの時の攻撃をあきらめた。

そして、その捨て台詞通り在特会は、二〇一〇年に私が転勤してきた学校にやってきた。その中には前任校で私を攻撃していたメンバーも入っていた。転勤後も彼らは私を狙い続けていたのだ。授業で配布した「慰安婦」のプリントを手にやってきた彼らはビデオで交渉の模様を撮影していた。授業のプリントは塾などが生徒から集めているため、たやすく外部の人間でも入手しやすくなっているのだ。

「こんな嘘つきババア」。プリントに載せた金学順さんを指して彼らは言った。「いろいろな意見があり、主張が分かれている問題について、一方的な教師の主張だけを押しつけることはおかしい。〈集団自決〉や〈慰安婦〉を授業でプリントにしていることは問題だ。自分の意に沿わない授業を受けさせられる生徒の心痛を考えてない。全てのプリントを見せろ」と彼らは主張した。彼らは交渉というよりも自分たちの持論をとうとうと述べ、「慰安婦」の人たちの存在や証言を否定する言葉を並べ立てた。そして、その交渉の様子を動画としてインターネット上で配信した。

彼らは七月一六日の午前八時から午後六時まで道路許可申請を警察に出していた。登校中の子どもたちや出勤途中などの近隣住民にビラ配りか街宣活動でもしようという魂胆のようだ。校長は、「学校に混乱を起こしたくないので、相手に誠意ある態度を取って、早く終わらせたい。プリントを読むと、確かに在特会に指摘されても仕方ない」と言いだした。これには驚愕した。「最初から平井をターゲットにしてきているのですからどんなプリントを作ろうがいくらでもイチャモンをつけられます。私は偏向教育をしていませんし、校長先生から指導されなければならない理由もありません」と言うのがやっとだった。

生徒や保護者などに迷惑をかけたくない、混乱を来したくないという気持ちは同じだが、そのために教師の授業内容に非があったということで丸く収めようとする管理職には不信の念しかいだけなかった。この問題は、私の授業に対してだけではなく学校教育全体にかけられている攻撃だ。職員会議というオープンな場で共有することを提案した。教育委員会がやってきたり、管理職や私が校長室のドアを閉めきって何度も話し合っている姿から、何か学校に異変が起きていると教職員の誰もがいぶかっていた。

職員会議での校長の説明に対し、質問が相次いだ。私もことの次第を述べ、自分の授業の中で何を大切にしているのかを教職員に話すとともに、けっして平井の主義主張の押し付けではなく、科学的な歴史認識に基づいて授業をしていることを語った。平井への攻撃が平井個人に対してではなく学校への外部からの介入になるということや、在特会が今まで京都朝鮮学校などでどんな破壊的な活動をしてきたのかも知らせた。「子どもたちを混乱させたり、恐怖感を味合わせたくありません。みなさん、いっしょに考えてほしい」と訴える途中からは感極まって言葉にならなかった。

そのとき、新任の教師が立ち上がると、「平井先生を守りましょう」と声を上げてくれた。「ビラがまかれても、みんなで子どもたちに話をし、動揺させないように考えよう」「この問題は学校全体のことです」……相次いで声が上がった。

「校長先生、外部からの介入に屈しないでください。平井先生を指導したとか、平井先生に問題があったと絶対に言わないこと、一度そんな映像が流されると、今後こういった授業をすることができなくなるような状況を作っていくことに加担することになります」。社会科の教師を中心として複数の教職員が校長に申し入れをした。教職員が、平井個人の問題ではなく、学校への介入と受け止め、教育と子どもたちを守るために何ができるのか本気で考えてくれた瞬間だ。予定されていたビラはまかれなかった。

しかしそれで、たたかいは終わったわけではなかった。

なぜこんな攻撃を受けなければならないのか？　私が子どもたちに教えていることはそんなに問題があることなんだろうか？　攻撃の渦中にいた私は、自分が今まで教えていたことを再確認するために、ハルモニたちに会いに行った。

「私らのことを教えて大変な目にあってるの？」

ナヌムの家での話に戻ろう。ナヌムの家は韓国の京畿道広州市にあり、元日本軍「慰安婦」のハルモニたちが共同生活をしている家だ。韓国に留学している知り合いからの紹介で私を出迎えてくれた村山さんや古橋さんは、今回の在特会の攻撃を知っていた。「私たちも仲間ですから」といきなり言われて問い返すと、「私たちもハルモニの集会を東京とかで開くと必ず彼らがやってきては、とんでもない罵声を浴びせられたり、攻撃されてきましたからね」と笑顔で返してくれた。やっぱりここに来てよかった。気丈に振舞ってはいても、心が折れそうになっていた私は、自分と同じ仲間がここにいると思えるだけでほっとした。

韓国京畿道広州市にある「ナヌムの家」

昼食を終えてリビングに行くと、ペ・チュンヒハルモニが駆け寄ってきた。ハルモニは、一九二三年慶州北道に生まれ、一九歳の時に友達の家に遊びに行き、「挺身隊」募集の話を聞いて、志願した。お金を稼げると聞いて行ったものの連れていかれた場所は慰安所だった。

四二年から日本の敗戦まで満州で日本軍の「慰安婦」としての生活を強いられた。戦後は日本にわたり、スナックなど水商売で働いたが、八〇年代初めに韓国へ戻った。「慰安婦」だと名乗り出たのが九三年。ナヌムの家で暮らすようになったのは九七年からだ。

「大阪から来たの？　私は今里《いまざと》（大阪市生野区）におったのよ」

「私の家は、すぐ近所ですよ」

大阪の話で盛り上がった。「慰安婦」だった時のことを語ってもらいたかったが切り出すのを躊躇していると、「私らのことを教えて大変な目にあってるの？」とハルモニが尋ねてきた。私は矢も楯もたまらずこの間の私の授業についての攻撃を話し始めた。ずっと長い間何も言わずに、私が話すのを聞いていたハルモニ。話し終わった後、

「あの連中はいつも私たちのことを嘘つきとか、金もらってたとかって攻撃してくる。本当にひどい。騙されて、やらされたのに。あんたはえらいね。私らのことを教えてくれて。それでひどい目にあって」

そう言いながら、ハルモニは私の手をしばらく握っていてくれた。

ペ・チュンヒハルモニ（写真提供／石川康宏）

騙されて「慰安婦」にされ、どこの誰かもわからないたくさんの兵士たちにもてあそばれた少女。どこかわからないような場所に置き去りにされ故郷へ帰ることもできず、あちこちをさすらい、年を取ってやっとたどり着いたナヌムの家。勇気を振り絞って証言することを「嘘つき」と攻撃されるハルモニたち。彼女たちが味わってきた絶望、恐ろしさ、悔しさ、もどかしさ、腹立たしさは私が受けている攻撃の比ではない。

ここに暮らすハルモニたちに会ったことで、私が受けている攻撃なんて彼女たちのことを考えたら、たいしたことはないと思えるようになった。こんな理不尽な攻撃に負けていられない。何十年も耐えてきた彼女たちのことを伝えることこそ、私がやらなければならないことだ。ハルモニたちに会えたことで、萎えそうになっていた気持ちが再びしゃんとした。

人懐こくて、歌と踊りが得意なペ・チュンヒハルモニ。

「もう帰ります」

と言うと、寂しそうな顔になった。

「一緒に歌って。この歌で送るから」

と、手をつなぎ「与作」「南国土佐を後にして」を歌った。お昼から夕方までずっとそばにいてくれたハルモニ。

「負けないよ。また来なさい」

「負けません」

約束した。

そのハルモニももういない。二〇一四年六月八日息を引き取った。九一歳だった。

プリントの開示と在特会メンバーの逮捕

韓国に行っている間も状況は動いていた。在特会が「在特会　大和魂」というHPに彼らが撮影した動画を「七月七日テスト問題について確認」としてUPしていた。教育委員会は何度か彼らと接触したようだが、本当にこの集団のことをわかっていないように思えた。話してわかる集団ではなく、学校を混乱させることを目的とした反社会的団体が在特会なのだ。

私は彼らを学校に直接アクセスさせないように教育委員会に対応してほしいと組合を通じて頼んだ。校長も教育委員会も平井のプリントを直接彼らに手渡すことを拒否したために、彼らは次の作戦を考えた。それは情報公開条例に基づく開示請求だ。教育委員会は学校で生徒に配布したプリント類は教材からクラスだよりまですべて公文書だと主張する。そのために開示請求が出たら出さなくてはならないと。

私が韓国から帰ってくるとすでに私のプリント類は開示されていた。

「在特会との交渉のときに、平井さんの教材がないと話ができない」と管理職から言われて渡した教材プリントだ。教育委員会は私のプリントを所有していないので、管理職が教育委員会に渡したのだ。私のあずかり知らないうちに。

この開示が行われた日の翌朝、新聞に以下の記事が載った。

朝鮮学校授業妨害：在特会幹部ら四人逮捕――京都府警

在日特権を許さない市民の会（在特会）などのメンバーが大音量で侮辱的な怒号を繰り返し、京都朝鮮第一初級学校（京都市南区）の授業を妨害したなどとされる事件で、京都府警は一〇日、幹部ら四人を威力業務妨害、名誉棄損、暴力行為等処罰法違反（集団的器物損壊）の疑いで逮捕。東京都内の在特会事務所や会長宅など一二カ所を家宅捜索した。（以下略）

（『毎日新聞』二〇一〇年八月一一日）

私を攻撃してきたメンバーの一人の名前も記載されていた。このことがあったからか、開示された文書をもとに彼らが計画していた私への攻撃は潰えた。しかし、開示されたプリントは予想もしないところから、この後私への攻撃に使われることになった。

在特会の攻撃を忘れかけていた二〇一二年、市議会の三月議会にこのプリントが登場したのだ。ある市議会議員が『産経新聞』の記事（一月三日付）を紹介した。大阪府羽曳野市の市立中学校が朝鮮人強制連行について扱った学習用教材について、教科書に記載がない内容で不適切だったとして教育委員会が校長に回収を指示し、校長が回収したという内容だ。そして「これは羽曳野市に限ったことなのでしょうか。ここにあります、二年前、市立中学校において、ある教師が歴史の授業で実際使用したプリントです」と切り出している。

二年前の開示されたプリントの行き先がこうしてわかったのだ。これは何を意味するのだろう？

ここから、議員は①歴史の授業で西暦を使用していること、②元号と天皇の権威の関係、③アジア太平洋戦争の呼称、④平頂山事件の真偽、⑤南京大虐殺、⑥支那は蔑称か、⑦プリント作成教師の処遇、⑧副教材のチェックなどを質問している。

教育委員会は大きな部分で問題はないと答えているが、「当該教員へは補助教材の活用の仕方、授業等の進め方、生徒の反応も含め、事実確認及び指導をおこない、意見が複数ある事象、歴史的評価がいまだ定まっていない事象について、慎重に取り扱い、十分配慮するよう改めて指導し、当該教員が活用するプリントなどすべての補助教材の管理を徹底するよう指導しております」という答弁が記録に残っている。

事態を丸く収めるための手段とはいえ、答弁上私は、「指導され、作ったプリント類は徹底して管理される」ことになっているのだ。そして、私はいつしか管理職が変わるたびに、要注意教師として申し送りされる存在になった。

「ずーっとこんなふうに攻撃されるなら、もう公立では授業できへんのかな〜」

弱気な自分が顔をのぞかせたこともある。一度ならず二度三度と攻撃を受ければ、誰だって弱気にもなるし、教育への情熱も萎えてくるだろう。

でも、そんなとき支えてくれるのは生徒であり、保護者なのだ。この時も、在特会のHPを見たという保護者が、学校にやってきて、校長に「在特会を学校に入れないこと、要求を拒絶すること、平井先生を守ってください」と申し入れをしてくれた。

「このまま教師をしていてもいいのだろうか」と、自信を失い冷え込んでいた気持ちを保護者の思いが包んで温めてくれた。教えるべきこと、教えるに値すること、教えなければならないことだからこそ、教え続けよう。風圧に負けない。強く思った。

先生、
「慰安婦」の
授業まだ？

「〈慰安婦〉の授業はやった？」

「平井さん、〈慰安婦〉の授業もうやった？」

「えっ？　まだですけど」

「やるの？」

「そのつもりですけど、何か？」

「いや、教育委員会を通じて市議会議員から問い合わせがあったらしいねん」

「またですか？」

「うん、またやねん。でも平井さんはやると思ってたわ」

「別に意地になってるわけじゃありませんけど、河野談話にあるじゃないですか。私は教える責任があると思ってます」

「そやなあ、河野談話も村山談話もあるもんなあ。工夫して教えられるね。〈まだやってませんけど、やる予定です〉って言うとくわ」

二〇一三年五月、校長に突然声を掛けられた。問い合わせてきた市議会議員は、私の授業に対して偏向というレッテルを貼って議会などで取り上げてきた人物だ。中学三年の近現代史の授業はこの議員にとっては格好の攻撃の材料だ。何度も授業について攻撃されると、普通なら気持ちが萎えそうになる。が、それでやめようとは思わなかった。「どうして、そんな攻撃を受けても授業をし続けているのか？」とよく聞かれるのだが、私にとっては「慰安婦」問題を授業で扱うことはアジア太平洋戦争を教えるうえで、あまりにも当然のこと過ぎて、扱わないという選択肢はなかった。私が攻撃されるたびにその対応を迫られるのが学校長や教育委員会だ。私がいつも議会で問題にされることを苦々しく思っているのだろうが、「〈慰安婦〉の授業をするな」と指導されたことはない。もちろん「両論併記で」「多面的多角的に」「バランスの取れた教材」「細心の注意」などという注文はつけられるが、それで授業内容に介入したりすることはなかった。教育課程の編成権は学校現場にあり、専門性を持った教師にあるということを堅持していたからだ。（筆者注――「学習指導要領解説・総則編」に「学校教育の目的や目標を達成するために、教育の内容を児童の心身の発達に応じ、授業時数との関連において総合的に組織した学校の授業計画」とある。）

私は人がよすぎるのかもしれないが、私を批判している議員にも私の授業を見てほしいと思っていた。見てもらって、そのうえで話ができるのではないかと。校長にも「その議員さんに、平井の授業を見に来てくださいと言ってください」と頼んできたが、実現したことはない。見たうえでの議論ならいくらでも受けるが、見ずにどうして批判ができるのだろう？　校長も「慰安婦」の授業について、「細心の注意を」と言いつつも、その実践を支援してくれた。校長は、教育委員会畑が長く、二〇一二年に私の開示されたプリントが議会で取り上げられた時の教育委員会の答弁責任者だった。指導という言葉を使いながらも最終的に現場の私を議員から守る防波堤になってくれた。教師たちの自主性を重んじ、教育課程の編成においても学問的専門性を尊重してくれる人物だった。

「先生、〈慰安婦〉の授業まだ？」

二〇一三年五月一三日、橋下徹大阪市長・日本維新の会共同代表（当時）が「〈慰安婦〉制度は必要なのは誰だってわかる」「（米海兵隊に）風俗業を活用してほしい」と発言し、人権侵害問題として国内のみならず世界からも抗議や批判の声が上がっていた。私は社会科の定期テストでは、子どもたちに社会への関心を持たせるため、毎回時事問題を出題していた。中間テストの時事問題として、この発言に関して出題すると、いつもなら正解率

橋下氏「風俗業活用を」

今月初め 沖縄で米軍司令官に

日本維新の会の橋下徹共同代表は13日夕、今月初めに沖縄県の米軍普天間飛行場を訪問した際、司令官に「もっと風俗業を活用してほしい」と進言した、と明らかにした。大阪市役所で記者団に語った。

▼3面＝歴史発言で亀裂、39面＝慰安婦発言の要旨

橋下氏は13日午前、戦時中の旧日本軍の慰安婦について「慰安婦制度は必要なのは誰だってわかる」などと発言した。橋下氏は同日夕、こうした発言をめぐる質疑の中で「慰安婦制度じゃなくても風俗業は必要だと思う。（米軍の司令官には）『法律の範囲内で認められている中で、性的なエネルギーを合法的に解消できる場所は日本にあるわけだから、もっと真正面からそういう所（風俗業）を活用してもらわないと、海兵隊の猛者の性的なエネルギーをきちんとコントロールできないじゃないですか。建前論じゃなくて、もっと活用してほしい』と言った」と述べた。

橋下氏によると、「司令官は凍り付いたように苦笑いになって『禁止している』と言った。『行くなと通達を出しているし、これ以上この話はやめよう』と打ち切られた」という。

橋下氏は記者団に「兵士は自分の命を落とすかも分からない極限の状況まで追い込まれるような仕事。エネルギーはありあまっている。どこかで発散することはしっかり考えないといけない」と説明した。

「ばかげている」

米国防総省・報道担当

橋下氏の「米軍も風俗業を活用すべきだ」との発言について、米国防総省の報道担当者は13日、朝日新聞の取材に対して「我々の方針や価値観、法律に反する。いかなる問題であれ、買春によって解決しようなどとは考えていない。ばかげている」と話した。

橋下徹大阪市長・日本維新の会共同代表（当時）の「慰安婦」制度についての発言を報じた『朝日新聞』2013年5月14日付第1面

橋下氏の発言 物議

「慰安婦制度、必要だった」

「慰安婦制度は必要」。戦時中の従軍慰安婦問題をめぐり、旧日本軍の強制性を示す証拠はないと主張する橋下徹・日本維新の会共同代表が13日、また一歩踏み込んだ。沖縄の米軍司令官に「風俗業の活用」を促したとの発言も飛び出し、元慰安婦の支援団体のほか、現代史や女性の権利に詳しい専門家からも批判や疑問の声が上がった。

▼1面参照

従軍慰安婦について、記者の質問に答える橋下徹氏＝朝日放送提供

米に「風俗業活用を」

「女性を軽視」専門家ら批判

「風俗業を活用して」と求めた発言でも、専門家から批判が上がった。

上野千鶴子・立命館大学教授は「軍隊の女性に対する人権侵害や性暴力を容認するものだ。弁護士であり、首長である人間の発言とは思えない」。1995年に沖縄県で起きた米兵による少女暴行事件の際、「（犯行に使った）レンタカー代で女が買えたのに」と発言した米太平洋軍の司令官が責任を取って辞任した。上野教授は「女性の人権軽視は、当時と全く変わっていない」と指摘した。

沖縄で活動する「基地・軍隊を許さない行動する女たちの会」の高里鈴代・共同代表は「沖縄の基地で性のはけ口が必要だから『風俗業はどうか』と勧めるとは。戦時の旧日本軍的な発想と同じだ」と憤る。「（橋下氏との会話を途中で遮った）米軍司令官の方がまともな神経をしている」と皮肉った。

沖縄で女性史を研究する宮城晴美さん(63)によると、1950年代、米兵によるレイプなどが横行した沖縄では、一般女性の被害を防ぐために「慰安所をつくろう」という運動があった。その結果、基地周辺に風俗施設が出来たものの、性暴力が減ることはなかった。

市民団体「感覚が恐ろしい」

「戦争遂行のために女性の性を利用するのは当たり前という発言で、女性を人間と見なしていない。こんな発言が通用すると考える感覚が、恐ろしい」。大阪市の市民団体「日本軍『慰安婦』問題・関西ネットワーク」共同代表の方清子《パンチョンジャ》さん(58)は、橋下氏の発言に言葉を失った。

同ネットワークは2009年から韓国の元慰安婦を招いて証言集会を開催。今月下旬にも金福童《キムボクトン》さん(87)ら元慰安婦2人が大阪入りする。「旧日本軍による（慰安婦の）強制連行があったかどうか確たる証拠はない」と主張してきた橋下氏に面会を求め、実現する見通しだ。方さんは「元慰安婦の声を直接聞き、経験や思いに真摯《しんし》に向き合ってほしい」と話す。

国際人権団体アムネスティ・インターナショナル日本の「慰安婦」問題チーム代表、山下明子さんは「発言は心的外傷後ストレス障害（PTSD）を抱えて生きている元慰安婦の方への拷問だ」と批判する。

従軍慰安婦の問題をめぐり、旧日本軍の強制性はなかったと主張する歴史学者も、橋下氏の発言を批判する。現代史家の秦郁彦さんは「当時、慰安婦制度は世界各国の軍は持っていた」との発言については「大筋において正しい」としつつ、「泥棒をやったと責められている人が、あいつも泥棒をやったと反論する論法で、説得力が弱い」と批判。橋下氏が「慰安婦は必要だった」とした点については「国際世論には受け入れられないだろう」と述べた。

慰安婦問題をめぐってはこれまで、米下院や欧州議会が日本政府に謝罪を求める決議を採択した。

米ロサンゼルス・タイムズの東京特派員などを務めた、スタンフォード大学日本センターのアンドリュー・ホルバート所長は「歴史論争は複雑で難しい。見方がたくさんあり、会見の場で持論を展開するようなものではない。日本の国益を考えると極めて危険で、理解に苦しむ。政治家は発言にもっと慎重で戦略的であるべきだ」と指摘する。

韓国政府「失望」

韓国外交省は13日、橋下徹大阪市長の慰安婦問題に関する発言についてコメントを出し、「反人道的な犯罪を擁護し、歴史認識と人権尊重意識の深刻な欠如をさらけ出していることに失望を感じる」と批判。さらに「日本の指導層の人物が過去の過ちを反省し、時代錯誤的な認識と言行を是正することをいま一度、求める」とした。（ソウル）

慰安婦問題を巡る橋下氏の発言（要旨）

日本維新の会の橋下徹共同代表の13日午前の発言要旨は次のとおり。

侵略の定義について学術上、きちんと定義がないことは安倍首相が言われているとおりだが、日本は敗戦国。敗戦の結果として侵略だということはしっかりと受け止めないといけない。実際に多大な苦痛と損害を周辺諸国に与えたことも間違いない。反省とおわびはしなければいけない。

ただ、事実と違うことで日本国が不当に侮辱を受けていることにはしっかりと主張しなければいけない。

なぜ日本の慰安婦問題だけが世界的に取り上げられるのか。日本は「レイプ国家」だと、国をあげて強制的に慰安婦を拉致し、職業に就かせたと世界は非難している。その点については、やっぱり、違うところは違うと言わないといけない。

意に反して慰安婦になってしまった方は、戦争の悲劇の結果でもある。戦争の責任は日本国にもある。心情をしっかりと理解して、優しく配慮していくことが必要だ。

当時は日本だけじゃなくいろんな軍で慰安婦制度を活用していた。あれだけ銃弾が雨嵐のごとく飛び交う中で命をかけて走っていくときに、そんな猛者集団というか、精神的にも高ぶっている集団は、どこかで休息をさせてあげようと思ったら慰安婦制度は必要なのはこれは誰だってわかる。

ただ、日本国が、韓国とかいろんなところの宣伝の効果があって、レイプ国家だと見られてしまっている。ここが一番問題。証拠が出てくれば認めなきゃいけないが、今のところ2007年の（第1次安倍内閣の）閣議決定ではそういう証拠がないとなっている。そこはしっかり言っていかなきゃいけない。

橋下徹大阪市長・日本維新の会共同代表（当時）の「慰安婦」制度についての発言を報じた『朝日新聞』2013年5月14日付第39面

は半分くらいなのに、これに関しては八七％もあった。子どもたちの関心の高さがわかる。しかし、子どもたちは「慰安婦」をめぐって、メディアが白熱していることはわかっていても、「慰安婦」そのものについての知識は皆無だった。テストに出るかもしれない時事問題として、言葉だけを覚えていたのだ。

廊下を歩いていた私に、わがクラスの広樹が声をかけてきた。

「先生、〈慰安婦〉の授業まだ？」

「関心あるの？」

「うん。ぼくは、あの発言のこと気になる」

「だれかと話してみた？」

「橋下さんの発言で問題になってるけど、みんな〈慰安婦〉そのものをあんまり知らんもん」

「あんたは知ってる？」

「あんまりくわしくは。だから知りたいねん」

広樹は生真面目すぎてからかわれやすいが正義感の強いサッカー大好き少年。社会的な問題には強い関心を持っていた。広樹から、「慰安婦」の授業のリクエストがあるのは当然のような気もしたが、教室でもこの話題が出てるということで、橋下市長の発言が社会問題にまで発展したことに対する関心の高まりを感じた。この発言に怒りを通り越して、人間として許せない思いでいた私は抗議集会に参加したり、たくさんの人々と怒りを共有しあいながら活動していた。しかし、怒りに任せて授業をしてしまったのでは、私の単なる怒りの発露でしかない。実践にあたってどういう展開の授業をしようかとまだ思案中だった私の背中を彼の言葉が押してくれた。

授業で使った資料は次の通りである。

①金学順さんの提訴時の写真
②イ・オクソンさんの証言
③慰安所が置かれていた場所の地図
④河野談話
⑤水曜デモと元「慰安婦」たちの要求（六二頁参照）

「慰安婦」だった金学順さんの写真を見せ、彼女がこの写真の中で提訴しているのはどんなことかを知らせ、彼女が初めて実名で「慰安婦」だったことを発表したことで、「慰安婦」の問題が多くの人々に知られるようになったことを紹介。次にイ・オクソンさんの証言を子どもたちに読んでもらった。彼女は一五歳のときに働かされていた飲み屋から買い物に出たところを二人の男に捕まって、トラックに乗せられる。同じ年頃の少女たちと日本軍の飛行場に連れて行かれ、その後、慰安所に送られ「トミコ」という名前をつけられて、平日で一〇人くらい、休みの日は三〇人余りの相手をさせられた。彼女は隙を見て逃げようとしたが、日本兵に捕まり、ベルトをムチ代わりにして殴られ、ミミズ腫れができたり、歯も折れた。ひどく殴られながら、「もう逃げないか？」と問いただされたが、気丈な彼女は、「また逃げてやる」と言い返した。すると、日本兵はムチで打つのを繰り返した。それでも彼女は日本兵の言うとおりになるのはいやだと思った。

彼女が「慰安婦」にさせられていった過程を読み取りながら、彼女がどんなことをさせられたのか、どんな状況に置かれていたのか、どんな場所に慰安所があったのか、逃げられる状況だったのか、を考えていった。女子たちの表情が曇っていく。

河野談話を読む前に、この談話が出されるまでの日本政府の対応について説明をした。今回の授業では、河野談話を部分的にではなく全文読み取らせたいと思った。政府が何を認め、どんなことを反省し、何を約束しているのかを読み取ってもらうためだ。「意に反して」、(軍の)「関与」、「要請」という語句が多用されていることに子どもたちは気づいていった。最後は歴史教育で伝えていくことを約束することで結ばれている。「慰安婦」にさせられた少女たちが連れて行かれた方法はさまざまだが、逃げることも拒否することもできない状況で、多くの兵士から蹂躙されていたことが、河野談話には明確に書かれている。

最後に、水曜集会を紹介し、その要求はなにかを考え、長い間自分の体験を話すことができなかった女性たちが話し始めたことについて意見を聞いてみた。

女子からは「〈慰安婦〉だったと名乗り出ることは、とても恥ずかしかったと思う」「自分が周りからどんなふうに見られるかと考えたら、言えなかった」という意見が出た。「じゃあ、なぜ名乗り出たの？」と聞くと、「日本政府が〈慰安婦〉の人たちのことを日本の責任と認めなかったから」「二度とこんなことが起きてほしくない」「自分の名誉を取り戻したい」と意見が出てきた。質問につれて、つらそうな顔、怒ってる顔、戸惑ってる顔、うつむく顔。いろんな表情をくるくる見せる様子は、子どもたちが授業に入り込んでいる証拠だ。

戦争中でも許されないことはある

沈黙する男子。

「慰安婦」の授業をすると男子たちは借りてきた猫のようにもじもじする。照れくささからか逆にはしゃいだり茶化したりするのもいる。そこが、「慰安婦」の授業を教師側が躊躇する一因でもある。子どもたちの照れを誘わない覚悟が教える側には必要だ。堂々と性の問題を取り上げる。性の問題を考える一番大切なときは中学生だ。だからこそ、子どもたちの思いを大切にしたい。好きな人ができてどきどきしたり、物悲しかったり、その人のことを大切にしたいという思い。そこから考えてほしいのだ。

私の授業は結末までのシナリオはない。結末は子どもたち次第。だからクラスによって授業の結末は変わる。今回も、私が予定していたのは、水曜デモのところまでだ。そこからは、クラスの子どもたちの顔を見ながら、「もっと知りたい？」「何が知りたい？」「どこに関心あるの？」と探っていく。

私のクラスには「〈慰安婦〉の授業まだ？」と言った広樹がいた。彼がきっと最後のと

ころで登場するだろうと期待していた。案の定、

「橋下市長の発言をどう考えたらいいの？」

と投げかけてきた。

「それを私が言ってしまうのは簡単やけど、それをしたらみんなが考えることになれへんやん。ここからはみんなが考える番や。ところで、あんたはどう思う？」

彼は首を横に振った。

私は「もう少し、この問題を考えられる材料がいるね」と言いながら、いくつかの材料を提示した。もちろん、こういう場合のことを考えて材料は用意してある。
＊アメリカやイギリスでは休暇が兵士に与えられていたこと。それでも強姦を起こす兵士はいたけれど、軍は厳罰に処していたこと。
＊日本のように軍が管理するような「慰安所」は現在わかっているところでは日本以外ではドイツにしかないこと。
＊一九二〇年代にはすでに人身売買などは国際条約では禁止されており、日本で行われていた「身売り」は国際条約違反だったこと、など。
当時中国戦線で「慰安婦」を買ったという兵士の証言を紹介すると、男子からは「兵隊

はみんな慰安所に行ったんかな？」という声が……。

「そんなとこに行きたくない」

「あの当時なら行ったかも」

男子がぽつぽつとだが意見を言い始めた。そこで慰安所に行かなかった兵士もいることを、ある兵士の短歌で紹介した。

「兵等みな　階級順に列をなす　浅ましきかな　慰安婦求め」

「慰安所に　足を向けざる兵もあり　虐殺拒みし　安堵にも似る」

「終身の　未決囚の如き兵等いま　慰安婦のいのち　踏み躙るなり」

（渡部良三『歌集　小さな抵抗　殺戮を拒んだ日本兵』岩波現代文庫、二〇一一年）

男子の顔に安堵の色が浮かんだ。

「戦争だったから、〝仕方がなかった〟と思う？」と問うと、

「戦争中でも許されないことはある」という声が。

子どもたちの中から「ふ〜っ」とため息が漏れたように思えた。

感想を紹介する。

A もし私なら何年たとうが自分が「慰安婦」だったことを名乗り出ないと思います。それでも自ら名乗り出て、日本政府に謝罪を求めたり、人々に当時のことを伝える活動をしていることは、本当に勇気がいるし、すごいと思います。国の制度として認めなかったり、長年その存在を無視してきたことは腹立たしいし、橋下市長のように平気で言えることが信じられません。

B 広島や長崎のことは何度も聞かされてきた。でも、同時に日本が犯した間違いも教えなければならないと思った。「慰安婦」や中国侵略のことであったり、そういったことをすべて知ったうえで初めて日本の戦争の歴史を理解できるといえるから。

C 今の日本人は戦争中だから仕方がないという考えを持っている人がいる。でも、自分がその立場になると、政府が勝手に始めたのに、おかしいと感じた。

D そもそも「慰安婦」なんか必要ない。当時のやり方が意味不明です。僕ならいらない。

E 「仕方がない」なんていう言葉が出てくると今の日本の男性たちは昔の男性たちと変わっていないのかと疑いたくなります。

F 戦争を続けていくために必要だったという意見がありますが、間違っている。日本の兵士の人権も軽く扱われ、被害にあった女性たちの人権も軽く扱われる。正しいことなのでしょうか。

G 日本軍は「慰安婦」を人間とも思っていなかったと思います。でも戦争に勝つためには仕方のないことだと思います。それでももっといろいろ方法はなかったのかと思いました。

「慰安婦」問題――何度授業をしても難しいテーマだ。「慰安婦」を教えるときは緊張してしまう。こちらが真剣でないと子どもたちにも伝わらないから。ただ教師があまりにも真正面から切り込みすぎると、子どもたちを萎縮させてしまう。普段にぎやかな男子も、ここで下手なことは言えないという感じでまごまごしがちだ。だから、「慰安婦」の授業では、思春期の女の子や男の子たちが恋愛に対して抱く淡くて純粋な気持ち、好きになった人を大切にしたいという思いに触れながら、問いかけたい。

「あなたたち一人ひとり、もし好きだなと思う人がいれば思い浮かべてみて。そして、ときめくような恋心や素敵な恋愛をすることもなく、踏みにじられた一五歳や一六歳の少女たちがどんな思いで暮らしていたのか想像してみて」

わがクラス、女子が食い入るように聞いている。いつもは少し茶化すような男子も申し訳なさそうな顔で聞きいっている。

子どもたちからは仕方なかったのかどうかという点での感想が多かった。予想はしていたが、仕方はなかったという意見は少数ながらもあった。男子もよく発言をした。それは、「仕方がない」という言葉が男性の側から戦場における兵士の行動を正当化するものとして出たものだったからだ。この発言によって男子たちにとって「慰安婦」は戦場での女性の被害という認識から、自分たちの問題となった。男子たちは「自分がもし戦場にいたなら？」と考え始めた。そして戦場の自分と今の自分が対話し始めたのだ。これまで女子たちが「慰安婦」にさせられたかもしれない自分と対話し、今のハルモニたちの行動に共感し、その思いを受け止めようとしてきた。今回は、「兵士にとって慰安所は必要だったのか？」ということに男子として向き合わざるを得なかった。「慰安婦」にさせられた女性、「慰安所」を利用した男性。両面から考えることができたのではないだろうか。

「慰安婦」の授業は、戦争下における歴史としてだけではなく、今を生きる私たち自身に突きつけられた問題だと実感する。

真の「和解」とは
何か――
考え始めた中学生

突然の日韓合意への驚き

二〇一五年一二月二八日に韓国と日本の外相会談後、「慰安婦」問題に関する日韓合意が電撃的に発表された。ニュースを見た途端、のけぞった。安倍首相も朴槿恵大統領も前面に出ず、外相レベルでの発表。長年日韓に横たわってきた歴史認識を解決するための合意としては、あまりにも急ごしらえで粗末なものとしか映らなかった。

日韓合意では、両国政府は「最終的かつ不可逆的な解決」という言葉を使い、これで「慰安婦」問題の決着を図ろうとした。岸田外相は安倍首相の言葉として、「軍の関与の下に多数の女性の名誉と尊厳を傷つけた。日本政府は責任を痛感している。安倍首相は心からおわびと反省の気持ちを表明する」と棒読み。どこかで聞いたことのある言葉だ。そうだ河野談話の一節じゃないか！　安倍首相は自らの言葉で語るのではなく、河野談話の一節をなぞったに過ぎない。では安倍首相はだれにお詫びをしたのだろう？　朴槿恵大統領に電話で「あまたの苦痛を経験され、心身にわたり癒やしがたい傷を負われたすべての方々に対し、心からおわびと反省の気持ちを表明する」と言ったと報道されている。

慰安婦問題　日韓合意

政府の責任認定■首相おわび

韓国が財団　日本から10億円

日韓両政府は28日、ソウルで外相会談を開き、慰安婦問題を決着させることで合意した。日本政府が軍の関与や政府の責任を認め、元慰安婦支援で韓国政府が新たに設立する財団に日本から10億円を拠出すると表明。日韓双方が、この枠組みを「最終的かつ不可逆的解決」とすることを確認した。

「不可逆的解決」確認

日韓関係の最大の懸案の一つだった慰安婦問題は、安倍晋三首相と朴槿恵大統領の政治決断により国交正常化50年の節目に決着を迎えた。両国関係は今後、改善に向けて大きく進む可能性がある。

岸田文雄外相と韓国の尹炳世外相は28日、ソウル市内の韓国外交省で約1時間20分会談した。終了後、両氏は共同記者発表を開催。岸田氏は、慰安婦問題について「当時の軍の関与の下に、多数の女性の名誉と尊厳を深く傷つけた問題」とし、「日本政府は責任を痛感している」と語った。さらに、安倍首相が元慰安婦に対し「心からおわびと反省の気持ちを表明する」と述べた。

また、岸田氏は、韓国が設立する財団に10億円規模を日本政府から拠出し、日韓両政府が協力して元慰安婦を支援する事業を行っていく方針も表明。岸田、尹両氏がこの枠組みを進める前提で、慰安婦問題についてそれぞれ「最終的かつ不可逆的に解決されることを確認する」と強調した。

一方、尹氏は、日本政府が撤去を求めているソウルの日本大使館（建て替えのため現在は移転）前に建てられた慰安婦問題を象徴する少女像についても言及。韓国政府の方針として「関連団体との協議を行うなど、適切に解決されるよう努力する」と語った。

両氏は、慰安婦問題をめぐり、それぞれ「国際社会で互いに非難・批判することは控える」という方針も表明した。

岸田氏は共同発表後、ソウル市内で記者団に「合意ができたことは歴史的であり、画期的な成果。日韓関係は未来志向の新時代へと発展する」と強調。今回の合意と、1965年の日韓請求権協定で請求権に関する問題は解決済みとした従来の姿勢との整合性について「政府の立場は何ら変わらない」と訴えた。

岸田氏はその後、韓国大統領府（青瓦台）で朴大統領と面会。朴氏は「今回の交渉結果が誠実に履行され、韓日関係が新しい出発点から再び始まることを願う」と述べた。

安倍首相は同日夕、外相会談の合意を受けて記者団に「子や孫の世代に謝罪しつづける宿命を背負わせるわけにはいかない。今後、日韓は新しい時代を迎える」と語った。（ソウル＝武田肇、東岡徹）

■日韓外相・共同記者発表（骨子）

- 慰安婦問題は旧日本軍の関与の下、多数の女性の名誉と尊厳を深く傷つけた問題。日本政府は責任を痛感
- 安倍晋三首相はすべての元慰安婦の女性に心からおわびと反省を表明
- 日本は韓国が元慰安婦の支援を目的に設立する財団に10億円を拠出し、協力して事業を行う
- 韓国は日本と共に、問題が最終的かつ不可逆的に解決されることを確認
- 韓国は、在韓日本大使館前の少女像について適切に解決されるよう努力
- 両国とも、国際社会で互いの非難・批判を控える

会談前に握手する岸田文雄外相（左）と韓国の尹炳世外相＝28日午後1時58分、ソウル市内、飯塚晋一撮影

日韓新時代 育むのは市民

編集委員　箱田　哲也

韓国との国交正常化に大きな役割を果たした岸信介・元首相。国内の激しい反対を押し切り、日本との関係を正常化させた朴正煕・元大統領。それぞれの孫と娘である安倍晋三首相と朴槿恵大統領が、日韓新時代の幕を開こうとしている。

最大の懸案だった慰安婦問題で日韓外相が合意をみた後、2人は電話で「私たち首脳が責任を持って対応していこう」と確認しあった。

50年前の国交正常化は確かに両国の距離を縮め、人々の交流を深めた。しかし、国力を増し、民主化を勝ち取った韓国には「（過去の清算が）圧倒的な力の差で押し切られた」との思いがますます募った。かたや成長が頭打ちする日本では、台頭した韓国を見る心の余裕が薄れてきた。1990年代に政治問題化した慰安婦問題は、そんな日韓の歴史認識がぶつかりあう象徴となってしまった。

戦後70年のいま、両国が過去ばかりに縛られているわけにはいかないことははっきりしている。先行きが見通せない北朝鮮情勢、環境や資源など地球規模の課題、国内の少子化や高齢化、広がる格差――。共通する課題に取り組む隣国同士が手を取り合う必要性は増している。

国交半世紀の節目の年もカウントダウンに入った28日、ナショナリズムや反目を超えて、新たな関係の出発点となりうる合意にこぎつけた両国の政治指導者の決断は評価したい。

だが、これはスタート地点にすぎない。

合意は、あくまでも政治的決着をしただけだ。安倍首相による元慰安婦への謝罪と反省のメッセージや双方の約束事は盛り込まれたが、肝心なのはこの合意という器に「たましい」を入れることだ。

日本は謝罪を言い放しにしたり、真意を疑わせたりする言動に気をつけねばならない。韓国も、世論に流されて約束をほごにするようなことがあってはならない。両外相が確認した「不可逆的な解決」はそれぞれ自らにも向けられている。

今こそ慰安婦問題の原点を見つめ直すことが大切だ。元慰安婦の女性たちの心を癒やし、尊厳を回復する必要がある。紛争下で女性の人権をいかに守るのかはまさしく現代の問題であり、日本と韓国が手を携えて取り組むことができる目標でもある。

産声を上げたばかりの合意はこれから、多くの試練にさらされるだろう。それらを乗り越え、中身を充実させていくのは政治家だけの役割ではない。今後、どんな隣国関係を作っていくのか。それを考え、育んでいくのは市民である。

両首脳が評価 電話協議

安倍首相と朴大統領は28日夕、約15分間にわたり電話で協議し、日韓外相会談の合意を評価した。

日本側の説明によると、安倍氏は元慰安婦について「あまたの苦痛を経験され、心身にわたり癒やしがたい傷を負われたすべての方々に対し、心からおわびと反省の気持ちを表明する」と朴氏に直接伝えた。その上で「今回の合意により、慰安婦問題が最終的かつ不可逆的に解決されることを歓迎したい」とし、「日韓関係が未来志向の新時代に入ることを確信している」と関係改善に期待を示した。

これに対し、朴氏は今年が日韓国交正常化50年であることに触れて、「今年中に合意できたことに大きな意義がある」と指摘。さらに「おわびと反省の気持ちを表明してくれたことは、慰安婦被害者の名誉と尊厳を回復し、心の傷を癒やすことにつながる」と語ったという。

「慰安婦」問題、日韓合意を報じる『朝日新聞』
2015年12月29日付第1面

頭が真っ白になった。こんな合意はありえない。今回の日韓合意が日本軍「慰安婦」問題の根本的な解決策になるとは思えなかった。被害者が置き去りにされているだけでなく、韓国だけの問題に「慰安婦」問題を矮小化していることにも疑問があった。しかし、日韓合意を一定の成果として歓迎する人々が少なくないことも事実だ。

二〇一六年にアジア太平洋戦争の単元でこの問題をどう教えたらいいのか？　リアルタイムで起きている問題として、歴史的事象としてだけではなく考えてほしい。この問題の背景には多分に政治的な意図があった。大人向けの学習会などで話す場合なら、安倍政権の意図やアメリカとの関係など政治的な問題について踏み込んで話せるが、教室ではそうはいかない。今回の「日韓合意」の政治的な面をそのまま取り上げることは、「慰安婦」問題を学ぶというよりも、政治情勢にとらわれ政治批判に終始しかねない。どんな授業ができるのか？　考える日が続いた。年が明け、二〇一六年五月一四日一橋大学で開催された吉見義明氏、斎藤一晴氏らとの「慰安婦」問題シンポジウムにパネリストとして参加し、これまでの「慰安婦」実践を報告した。高校や大学で「慰安婦」の授業を行ってきた斎藤一晴氏の報告から「和解」というものを一つのキーワードとして考えるヒントを得、次の「慰安婦」授業では「日韓合意」から「和解」について子どもたちとともに考えてみたいと思った。

怒り、悲しみ、悔しさ……再び沖縄で女性が犠牲に

二〇一六年の新年度、予想以上に歴史の授業が遅れ、四月になってようやくアジア太平洋戦争の授業に入った。（筆者注――中学校では歴史の分量が多く、近現代史は三年の一学期の中頃までの期間で行われている。）ぼちぼち「慰安婦」の授業に取り組もうと思っていた矢先の五月一九日、沖縄県うるま市で行方不明になっていた二〇歳の女性が恩納村《おんなそん》の山中で遺体となって発見された。四月から女性が行方不明になっているという報道を知った時にいだいた「もしや」という悪い予感が的中してしまった。容疑者として逮捕されたのは元海兵隊員の男性だった。ジョギングに出た被害者を容疑者が暴行し、殺害して山中に放置したのだ。

怒り、悲しみ、悔しさ。

「どうして止められなかったのか？」

「なぜ沖縄で繰り返されるのか？」

答えはわかっていた。

「軍隊」

軍隊がいるところには、性暴力がはびこる。何度も学んできたではないか。沖縄では多くの人が「私だったかもしれない」と感じた。私だったかもしれない。私の姉妹、娘、恋人、友人だったかもしれないと。殺された女性が生まれたのは一九九五年の小学生暴行事件の年だった。あれから二〇年。成人式を迎えることを楽しみにしていた女性、家族。怒りと悲しみで胸が張り裂けそうだった。授業でも、この事件について話した。沖縄の新聞を持って。

「みんな、この新聞を見て！　また、こんな悲しいことが起きてしまいました。沖縄での事件です。大阪の新聞にはあまり大きく取り上げられていませんが、沖縄では号外が出ました。この女性は普通に夜にジョギングに行っただけです。私たちが住む町で夜にジョギングに行ったからといって、こんな形で兵隊に乱暴されたり殺されますか？　私たちが住む町はそんな危険がある町ですか？　この女性は私たちが普通にしているようなことをしていただけなのに殺されました。彼女が悪いの？　夜に走っていた彼女が悪いの？　容疑者は本当に犯人かどうかまだわかりません。これから裁判にかけられるでしょう。でも、今わかっているところでは、逮捕された容疑者はアメリカ海兵隊の元兵隊です。どうして兵隊がこういった犯罪を犯すのでしょう。考えてみてほしいと思います」

私は、一気に話した。子どもたちは真剣なまなざしで聞いていた。この記事を見て、どうしても子どもたちに話さなければという思いだった。

六月一九日に「元海兵隊員による残虐な蛮行を糾弾！　被害者を追悼し、海兵隊の撤退を求める県民大会」が開かれると聞いて、いてもたってもいられず沖縄に飛んで行った。梅雨が明けた沖縄。容赦なく太陽が肌を突き刺す。会場になった奥武山《おうのやま》陸上競技場へは開場の予定時間よりも早く大勢の人々が集まってきた。各地から来た仲間と再会し、最前列に座った私の目には壇上にいる人々の沈痛な表情がはっきりと見えた。集会は古謝《こじゃ》美佐子さんの「童神」で始まった。我が子よ、健やかに育て、嵐ふくときにはその嵐からおまえを守ろうという歌を聞きながら、多くの人々が涙を流した。悲しみに包まれていた。今までの集会と違い、静かな中に悲しみと怒りともどかしさが交錯していた。海兵隊への怒りとともに、「なぜこの事件を止められなかったのか？　我々は何をしてきたのか？　被害者に対して申し訳ない」という思いを参加者は共有していたからだ。被害者の父がメッセージを寄せた。

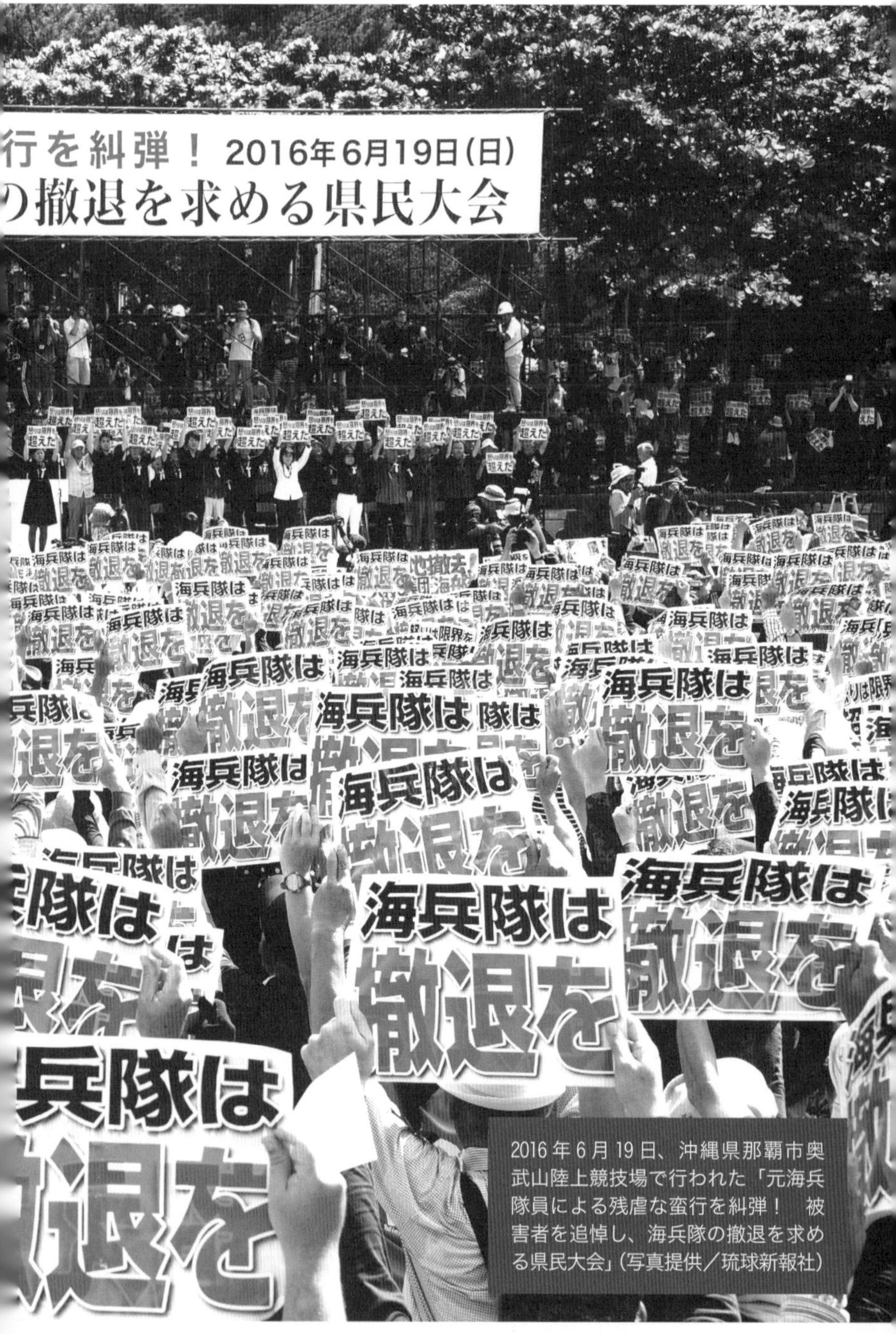
行を糾弾！ 2016年6月19日(日)
の撤退を求める県民大会
怒りは限界を超えた
海兵隊は撤退を

2016年6月19日、沖縄県那覇市奥武山陸上競技場で行われた「元海兵隊員による残虐な蛮行を糾弾！　被害者を追悼し、海兵隊の撤退を求める県民大会」(写真提供／琉球新報社)

元海兵隊員による残虐な
被害者を追悼し、海兵
海兵隊は
撤退を

米軍人・軍属による事件事故が多い中、私の娘も被害者の一人となりました。なぜ娘なのか。なぜ殺されなければならなかったのか。

今まで被害に遭った遺族の思いも同じだと思います。被害者の無念は、計り知れない悲しみ、苦しみ、怒りとなっていくのです。

それでも遺族は、安らかに成仏してくれることだけを願っているのです。次の被害者を出さないためにも全基地撤去。辺野古新基地建設に反対。県民が一つになれば可能だと思っています。県民、名護市民として強く願っています。

一九九五年の時と何も変わっていない。どれほど声を大にして沖縄の人々が叫び続けても、政府はその声を一顧だにしない。戦後ずっとアメリカ軍の性暴力にさらされ、多くの女性が被害を受け、泣き寝入りさせられたり、何の補償もされず、犯罪者がそのまま免罪されてきたことの積み重ねを考えると、沖縄の人々、そして女性たちに重い犠牲を背負わせてきたのは日米両政府だけでなく、自分たち本土の人間でもあるのだと突き付けられた。

軍隊と性暴力が切り離せないことを子どもたちに教えなければ。歴史では「慰安婦」、公民では日米安保と基地問題を取り上げること、そのことが教師として私がしなければならないことだ。怒りを怒りとして自分の中で消化（昇華）させないと冷静に授業は作れない。二〇一六年の「慰安婦」授業は、日韓合意と沖縄女性殺害事件から出発しようと考えた。

本当の「和解」とは？

導入は日韓合意。新聞をまずは読もう。

①日韓合意で合意されたことは何か、安倍首相は何をおわびしているのか？　どんなことを日本政府は認めているのか？　どうやって解決しようとしているのか？　元「慰安婦」だった人々はどう感じているのか？　を新聞から読み取る。

②イ・オクソンさんの証言を読ませ、どんな状況で慰安所に連れていかれ、そこで何をさせられたのか、暮らしていた状況などを知ることで、強制という言葉について考える。

③沖縄タイムスや琉球新報の記事を紹介。軍隊がいる沖縄で起きてきた性暴力事件。

ドイツ・ベルリン中心部にある「虐殺されたヨーロッパのユダヤ人のための記念碑」
（写真提供／梅田紅子）

海兵隊とはどんな人々なのか？　アジア太平洋戦争における日本軍兵士はどうだったのだろう？　考えよう。

④河野談話にはどんな内容が書いてあるのか。安倍首相のお詫びと比べてみよう。

⑤ドイツのベルリンには「虐殺されたヨーロッパのユダヤ人のための記念碑」やユダヤ博物館があること、ドイツの学校でのヒトラー時代のことを考えさせる授業などを紹介。なぜそんなことをやっているのか？　を投げかける。

最後に自分で一つのテーマを選んで考えたことを書こう。テーマは以下の三つだ。

「戦争だったから〈慰安婦〉の存在は仕方がなかったのか？」

「もしも自分がその立場（「慰安婦」もしくは日本の兵士）なら？」
「〈和解〉のためには何が必要か？」

授業の後に三つのテーマのどれかで意見を書いてもらったところ、四クラス一三七人のうち五九人の生徒が「和解」について書いた。四三％だ。ニュースを見たときに「慰安婦」という存在すら知らなかった子どもたち。授業で取り上げることで初めて、その実態を知り、日韓合意について考えたと言っていいだろう。

彼らの意見からどんなことが読み取れるだろうか。

A 本当に日本と韓国が和解するには賠償金などのものではなく、心から謝罪をして記念碑などを建てて後世に伝えていくべきだと思います。「慰安婦」の人たちが負わされた心の傷は決して消えることはありません、だから日本は「慰安婦」の人たちが納得の行く解決方法を考え実施することが必要だと思います。七一年もたった今、まだ集会をするぐらい怒りや悲しみの気持ちを日本に持っている人がいるというのは日本が反省していない証拠だと思います。日本が謝罪したと言っても、電話だったり、河野さん一人だったりなので、すべての人が反省し、心からの謝罪が必要だと思います。このようなあやまちを二度と繰り返してはいけないと伝えていけばいいと思いました。

B 「慰安婦」にとってはとても苦痛な体験だったと思います。なかでも意思に反してという部分が心に残っていて、日本軍が本当にそのようなことをしたかと思うと情けない気持ちしかありません。そんな歴史の中で韓国と日本が本当の和解をするためには、日本の代表がこの出来事を認めてきちんと「慰安婦」の方々と話をすることが重要だと思います。それと韓国国民が納得できるようなスピーチが必要だと思います。なによりこの出来事を隠すというのはあってはならないと思います。（m）

〈編集部注――（m）＝男子生徒、以下同じ〉

C 「慰安婦」の問題で聞いているだけでも痛々しい体験をした女性たちが七つの要求をしていると聞き、七つとも和解するのはとても大切なことだと思った。そのなかでまずは日本の議会からの謝罪が最も大切だと感じた。実際に今でも五人の人が謝罪を求めているので、日本が罪を認めて謝罪をしないと何も始まらないからです。

そして和解しても、次の世代に伝えていくことが大切だと感じました。

D 本当に和解するためには、今の外相同士の和解ではもちろん足りない。本当の意味の和解は「慰安婦」問題の真の被害者である元「慰安婦」の方々が納得いくような対応を日本がすることである。彼女らが亡くなる前に急ピッチで彼女らが求めていることをすべて実現し、なおかつ本当にオフィシャルに日本政府が謝ることをするべきで、この問題は一生いや人類が滅亡するまで語り継がなければいけない重要な問題だと思う。（m）

E 本当の和解をするためには、日本は正式に謝罪する必要があると思う。そして、被害者たちの要求を最大限にのむべきだと思う。そしてこの記憶を地球・人類の負の遺産として忘れないようにするために、原爆ドームのような場所を残すべきだと思う。最後に、本当に政府の代表者の心の底からの謝罪が必要だ。（m）

F 僕は、元「慰安婦」の方々との直接的な面談をしてむこうの方々が納得してくれるまで話し合い、要求された事柄を早急に実施し、調査をして報告書をまとめ、被害者の方々に送ること。被害者の方々が納得してもらえるまで調査を続けることが必要だと思います。そして納得してもらえてこそが本当の和解だと思います。そして教育の中でこういった真実を教える必要もあると思います。このことができて正式に和解できると思います。（m）

G 日本政府は元「慰安婦」に会って話をすべきだと思う。日本は戦争の和解の取り組みが少ないのでほかの国々を見習ってほしい。今、日本でも沖縄で性暴力の被害を受けている人がたくさんいるので戦争の和解も含め、解決すべきだと思った。

H 日本はドイツのように元「慰安婦」の方への正式な謝罪や二度と同じことを繰り返さないように日本として記念碑を建て、日本国民として次世代に伝えることが必要だと思います。元「慰安婦」の方々の傷は深くて、それだけでは償いきれないが少しでも元「慰安婦」の方たちにしてきたことを明確にするために研究し真実を隠すことなく伝えていけばいいと思います。元「慰安婦」の方たちへの訪問などで話を聞くこともいいと思います。

I 日本政府は韓国政府だけにしかお詫びと反省の気持ちを表明していない。それだけでは日本と韓国の和解にはならない。日本政府は元「慰安婦」本人に謝罪すべきである。そして水曜集会で出された日本政府に対する要求を、日本政府が受け入れなければならないと思う。また、「慰安婦」問題だけでなく、旧日本軍がアジアの国々を侵略し、多くの人々を殺してきた。この問題に対しても日本政府は直視すべきだ。そして歴史上の出来事を教訓として、同じ過ちを決して繰り返さないという固い決意をアジアの国々は当然、世界中の国々に表明しなければならない。（m）

J 本当に和解するために、僕は、非がある日本が被害者の要求をできる限り誠意を持って国力を尽くして解決すべきだと思います。理由は日本と韓国は海を挟んで隣どうしの国なので、これからの将来の付き合いも長いと思うからです。ですから「慰安婦」問題についてはしっかりと近い将来で日本がけじめをつけるべきだと思います。そしてこれからこの悲惨な事件を後世に伝えていくべきだと思います。（m）

K 私はまず和解することができるのかなと思いました。元「慰安婦」の方々は公式には許してくれるかもしれないけれど心の中では絶対に許さないだろうし、やってしまったことは戻らないから正直なところ謝罪したとしても本当に和解して解決できることにはならないんじゃないのかなと思いました。でも「慰安婦」問題を教訓にして二度とイ・オクソンさんみたいにつらい思いをする人が出ないようにすることはできるので、それが「慰安婦」の方々に対しての最大の謝罪になるのではないかと思いました。

L 「慰安婦」の方々を交えての和解が必要です。なぜなら日本は本当に「慰安婦」の方々にひどいことをしたし、もし私が「慰安婦」の立場ならと思うととても恐ろしいです。「慰安婦」の方々にこんなひどいことをしておいて、気持ちのこもっていないような謝罪をしてもまったく意味がないと思います。もし日本政府が本当に申し訳ないと思う気持ちがあるのであれば、きちんと「慰安婦」の方々に直接謝罪をして和解することが日本政府のとるべき行動だと思います。

M 「慰安婦」であったことを認めること、謝罪をすること、賠償金を払うことだけでなく、先生が言ってたように政府だけで話し合うのではなく、日本政府の代表が自ら「慰安婦」の方のところに会いに行き、そこで一人ひとりに謝罪し、このことについてどういう風に話し合い、解決していくために何が必要かを「慰安婦」の方に聞き解決していかなければ政府だけの合意で終わり、「慰安婦」の方は納得のいかない終わり方になる。（m）

N イ・オクソンさんたちに会って、きちんと話し合うべきだと思いました。被害者の意見を聞かないと意味がないと思います。イ・オクソンさんたちが納得する形での解決をしてほしいです。自分たちが生まれる前に日本が犯した過ち。でも、このことを忘れずにドイツのように記念碑を建ててほしいと思った。

O 「慰安婦」の人たちを日本に招待して、今日本ではどんな教育をしているのかを見せたり、日本の議会から直接公式に謝罪したら本当に和解できると思う。この件は一〇〇パーセント日本が悪いのだからなぜすぐに謝罪できないのかなと思った。もし日本がまた戦争を起こしたら、ほんとに「慰安婦」問題が起きないのか？　言葉で言うなら誰でもできるけど、このままだと同じことが起こるような気がする。たぶん、もともと「慰安婦」だった人も同じだと思う。現状のままではいけないと思う。（m）

P 戦争中に日本軍の性の相手をさせられた「慰安婦」、それをさせた日本との和解はとても難しいと思います。「慰安婦」の方々の七つの訴えを全部やったとしても、本当に和解できるとは思いません。日本兵にされたことは一生忘れられないからです。「慰安婦」のことを国民全員が知って、みんなが「もう二度とこんな過ちを繰り返さない」と誓うことが重要だと思います。そして記念碑を建立して、未来の子どもたちにもこのことを伝え、日本人全員が一生忘れないようにするべきだと思います。

Q 最初政府がこういうことを認めずに隠していたことはありえないと思いました。

しかし女性たちは謝罪を求め、認めさせました。認めたことをもとに互いが納得しあい、二度とあってはならないということを残していくことこそが重要だと思います。今でも起きているという性暴力を知り、恐ろしいと思います。戦争は人格を変えてしまう。こんなことが二度と起こらないでほしいです。

R「本当の和解」なんてできるわけがない。たがいに折り合いのいいところで「和解」するだけだ。損得を考えて、互いに利益をも損失もプラスマイナスゼロか、どちらかが損するか得するかで「和解」とすればいい。そのほうが単純でいいと思う。「本当に和解」するなら女性たちの要求をすべて聞いてあげて損して早く終わらせたほうがいいと思う。でも政府は女性たちが死んだ後に行動しそう。そのほうが楽だから。

ほとんどの生徒が書いていたのは、日韓合意に関して、「当事者が抜けている」ということだ。Dの生徒は「本当に和解するためには、今の外相同士の和解ではもちろん足りない。本当の意味の和解は〈慰安婦〉問題の真の被害者である元〈慰安婦〉の方々が納得いくような対応を日本がすることである」と書いているが、多くの生徒が当事者、真の被害者である元「慰安婦」が置き去りにされていること、彼女たちに直接話を聞くこともせず、彼女たちの納得を抜きにしての「和解」はありえないという立場をとっている。日韓合意に関する生徒たちの思いはDやEの「本当に政府の代表者の心の底からの謝罪が必要だ」という言葉に表れている。

「和解」についての方法では、Bの生徒は「日本の代表がこの出来事を認めてきちんと〈慰安婦〉の方々と話をすること」、CやJの生徒は「後世に伝えること」、AやH、Nの生徒らは「記念碑のようなものを建てること」、FやPをはじめ多くの生徒が「教育の中でこういった真実を教える必要」「未来の子どもたちにもこのことを伝え、日本人全員が一生忘れないようにするべきだ」、Hの生徒は「元〈慰安婦〉の方たちにしてきたことを明確にするために研究し真実を隠すことなく伝えていけばいい」、Iの生徒は「歴史上の出来事を教訓として、同じ過ちを決して繰り返さないという固い決意をアジアの国々は当然、世界中の国々に表明しなければならない」と、書いている。

謝罪の方法としては、Mの生徒は「日本政府の代表が自ら〈慰安婦〉の方のところに会いに行き、そこで一人ひとりに謝罪し、このことについてどういう風に話し合い、解決していくために何が必要かを〈慰安婦〉の方に聞き解決していかなければ政府だけの合意で終わり、〈慰安婦〉の方は納得のいかない終わり方になる」と、国同士ではなく、一人ひとりへの謝罪と元「慰安婦」たちが望んでいることを実現していく必要を考えている。

一方、日本の姿勢に関して、そもそも「和解」はできるのか？　という意見もある。K、Rの生徒らは政府の態度に懐疑的である。しかし、彼らはそれであきらめているかと言うと、それでもこの問題を教訓にするなどして後世に二度と起こらないようにするための責任はあると考えている。Lの生徒は、今回の政府の謝罪について「気持ちのこもっていないような謝罪をしてもまったく意味がない」と辛らつに批判している。

この授業からさまざまな関心を広げた生徒もいる。沖縄での女性暴行殺害事件を受けて、「日本でも沖縄で性暴力の被害を受けている人がたくさんいるので戦争の和解も含め、こういった事件がおきないように解決すべきだと思った」「今でも起きているという性暴力を知り、恐ろしいと思います」というGやQのような意見。Oのように「もし日本がまた戦争を起こしたら、ほんとに〈慰安婦問題〉が起きないのか？　言葉で言うなら誰でもできるけど、このままだと同じことが起こるような気がする」というように、日本がまた戦争を起こすかもしれない、そしてそのときに同じようなことが起きるかもしれないという不安を抱き、そこから考える生徒もいる。

たった一時間の授業だったが、アジア太平洋戦争学習での学びをもとに、この問題を政府レベルの問題ではなく、「日本国民全体で考えるべき問題」、「次の世代である自分たちがこのような問題に対して真剣に取り組まなければならない」、「北朝鮮や韓国、中国の人々との和解をしなければならない」と、今の我々に突きつけられた問題と受けとめる生徒が多かった。生徒の多くが、「和解」とは、国と国ではなく、人と人だというとらえ方、特に被害を受けた一人ひとりこそが大切と考えていることがわかる。

怯まずに「慰安婦」問題を教えよう

「忖度」の嵐が吹き荒れる学校現場

二〇一七年一月二四日、久しぶりに「慰安婦」問題についてNHKが取り上げるというので、不安と期待の中でその番組を見た。韓国の〈平和の少女像〉と日韓「合意」を取り上げた「クローズアップ現代＋」だ。タイトルは「韓国　加熱する〝少女像〟問題　初めて語った元慰安婦」。このタイトルを見ただけでおおよその内容は想像がついたが、実際に見ながら私の心拍数は上がっていった。番組は、少女像設置に反対し、日韓「合意」履行を韓国に迫る日本政府の言い分だけを取り上げるもので、「当事者の多様な声」と言いながら、日韓「合意」に基づく支給を受け入れ、少女像設置に批判的な立場の人の声しか伝えていない。また、時期や内容の異なる映像を流したり、保守派のインタビューだけを取り上げるなど、韓国への誤解や偏見を煽っている。NHKは二〇〇一年に女性国際戦犯法廷をめぐって、政治的圧力によって、番組を改変するという事態に追いこまれた。それ以来、「慰安婦」に関する番組は作ってこなかった。一六年ぶりに「慰安婦」問題を取り上げた姿勢は一定評価するが、日本政府の意向を忖度して番組を作らざるをえない状況に変わりがないことを感じた。

〝公共放送〟であるＮＨＫが全国ネットで放映する影響力は大きい。この番組を見た人々は、日本政府は「慰安婦」問題の解決に前向きなのに、韓国側はこの問題を政治利用して逆に解決が遠のいていると受け止めるのではないだろうか。「慰安婦」問題にバイアスがかかり、「慰安婦」だった人々や「慰安婦」を長年支援してきた市民団体に対する偏見や反感などがますます増大していくことが懸念される。「いい加減にしろ。いつまで謝罪を求めれば気が済むんだ」「もう解決済みではないのか？　日本は誠実に約束を守っているのだから、つべこべ言わずに支給を受け取れ」「これだから韓国は信用できない」「少女像をさっさと撤去しろ」。番組によって、こういった声が喚起されるのではないかと不安を抱く。

これでは、学校現場で「慰安婦」のことを授業で取り上げることに二の足を踏む教師がますます増えてくるかもしれない。

自民党が二〇一六年六月二五日に同党ＨＰ上に「学校教育における政治的中立性についての実態調査」を掲載し、協力を呼びかけた。そこには、党文部科学部会では学校教育における政治的中立性の徹底的な確保等を求める提言を取りまとめ、不偏不党の教育を求めているところですが、教育現場の中には「教育の政治的中立性はありえない」、あるいは「子供たちを戦場に送るな」と主張し中立性を逸脱した教育を行う先生方がいることも事実です。／学校現場における主権者教育が重要な意味を持つ中、偏向した教育が行われることで、生徒の多面的多角的な視点を失わせてしまう恐れがあり、高校等で行われる模擬投票等で意図的に政治色の濃い偏向教育を行うことで、特定のイデオロギーに染まった結論が導き出されることをわが党は危惧しております。／そこで、この度、学校教育における政治的中立性についての実態調査を実施することといたしました。皆さまのご協力をお願いいたします。

という呼びかけ文が掲載され、その下に、姓、名、フリガナ、性別、年齢、職業、勤務先・学校名（教職員の場合のみ）、連絡先電話番号、連絡先ＦＡＸ番号、連絡先の住所、E-mail、政治的中立を逸脱するような不適切な事例を具体的（いつ、どこで、誰が、何を、どのように）に記入という項目を設定して、ネット上で入力できるようになっている。

様々な批判を受け、「子供たちを戦場に送るな」の部分が「安保関連法は廃止すべき」に変更され、その後これも削除された。しかし、調査は続行され、七月一八日に終了した。調査への協力を呼びかけた自民党は「相当な件数の事例が集まり、公選法に反する事例も含まれる」「違法性の高いものは文科省に提供する」「公選法違反は警察が扱う問題」と述べている。

そして、この調査の最中に、調査の効果が現れた一件が報道された。名古屋市立中学校での参院選に触れた授業で、「与党の自民・公明が議席の三分の二を獲得すると、憲法改正の手続きを取ることも可能になる」「そうなると、戦争になった時に行くことになるかもしれない」などと社会科教諭が発言したことが問題になった。市教委がこの発言を「教育基本法で

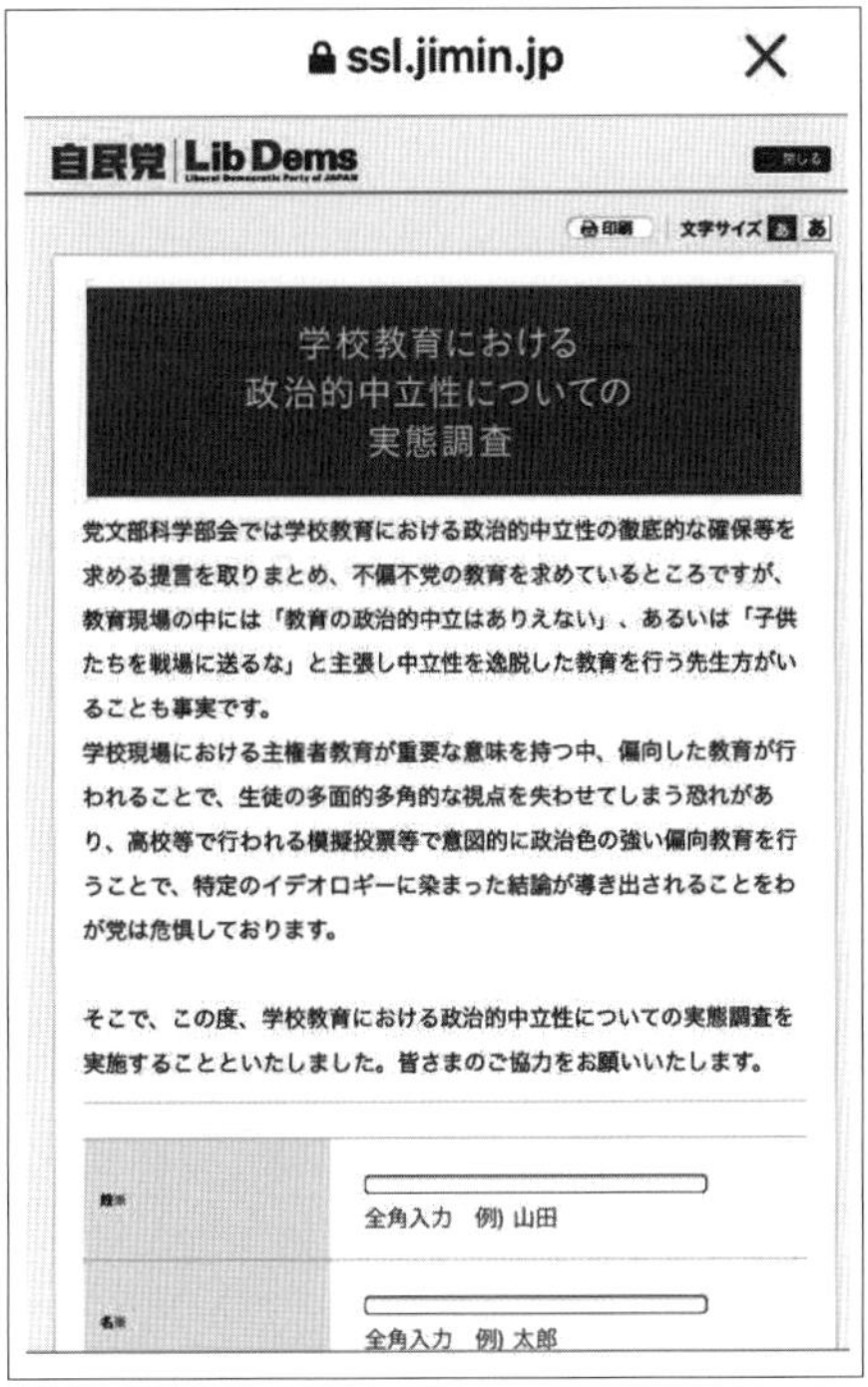

ssl.jimin.jp

自民党|Lib Dems

閉じる

印刷　文字サイズ あ あ

学校教育における
政治的中立性についての
実態調査

党文部科学部会では学校教育における政治的中立性の徹底的な確保等を求める提言を取りまとめ、不偏不党の教育を求めているところですが、教育現場の中には「教育の政治的中立はありえない」、あるいは「子供たちを戦場に送るな」と主張し中立性を逸脱した教育を行う先生方がいることも事実です。
学校現場における主権者教育が重要な意味を持つ中、偏向した教育が行われることで、生徒の多面的多角的な視点を失わせてしまう恐れがあり、高校等で行われる模擬投票等で意図的に政治色の強い偏向教育を行うことで、特定のイデオロギーに染まった結論が導き出されることをわが党は危惧しております。

そこで、この度、学校教育における政治的中立性についての実態調査を実施することといたしました。皆さまのご協力をお願いいたします。

姓※	全角入力　例) 山田
名※	全角入力　例) 太郎

自民党のホームページに掲載された「学校教育における政治的中立性についての実態調査」の呼びかけ

求められている政治的中立性の観点から不適切」と判断し、当該教諭が生徒に謝罪させられるという出来事だ。新聞にも取り上げられ、学校現場を震撼させた。自民党の呼びかけは終了したが、現場を委縮させる効果は大きかった。

この調査や名古屋での出来事を知ったとき、来るものが来たと感じたのは私だけではないだろう。密告奨励の呼びかけなのだ。戦前もかくありきと思わせる密告社会を作り出そうとしている。

こういった密告奨励の動きの根底には、現行憲法否定の立場から、現行憲法は押しつけられたものであり、問題が多く、憲法を改正し自主憲法を作ることが必要だと考える自民党の考え方がある。この考えに立てば、平和主義や基本的人権の尊重、国民主権という現行憲法の理念を教える授業は偏向教育であり、指導の対象となるのは当然といえば当然だ。では「教育勅語」を暗唱させたり、「大人の人たちは、日本が他の国々に負けぬよう尖閣列島・竹島・北方領土を守り日本を悪者として扱っている、中国、韓国が心あらため、歴史教科書で嘘を教えないよう、お願いいたします。安倍首相、ガンバレ！　安倍首相、ガンバレ！　安保法制、国会通過、良かったです」と園児たちに運動会の選手宣誓で言わせた塚本幼稚園は偏向教育ではないのだろうか？

こういった動きの中から、今、多くの学校で「忖度」が起きている。授業や学校運営に攻撃がかけられないために、議員から議会での質問が出るたびに、教師が作成するプリントをチェックし、本人の承諾もなしに学校においてある教師の私物を捜索し、勝手に持ちだすといった人権侵害が校長の手によって起きた事例もある。また、「日の丸」「君が代」を巡って、議員が卒業式に参加すると聞いた校長が攻撃されることを避けるために、教職員の合意を無視して、それまでの卒業式のやり方を変更するといった事態も起きている。いずれも、教育委員会は「質問があることを校長に伝えただけ」「議員が卒業式に参列すると校長に伝えただけ」と言うが、上からの指示は末端に行けば行くほど「忖度」という形を取って強制力が強まっていくのだ。もはや教育の現場は政治介入が当たり前のような状況と忖度の嵐が吹き荒れていると言えよう。

怯まずに「慰安婦」問題を教えよう

歴史修正主義者にとってのターゲットは学校であり、教師だ。彼らは歴史研究などというものは最初から相手にしていない。歴史研究で太刀打ちができないことは自分たち自身が最もよく知っているからだ。しかし、彼らは歴史研究では太刀打ちできなくとも、実証もできない与太話をヘイト本として流通させ、インターネット上で自分たちに都合のいい主張をどんどん拡散させていく。匿名性の高いネット上では一度流せば、拡散するのはあっという間だ。まことしやかなねつ造記事が事実のように広がり、「慰安婦」とネット上で検索すると最初に出てくるのが「慰安婦」だった人々への心無い中傷記事なのだ。ネットのねつ造記事を見て、「お金をもらっていた」「贅沢をさせてもらっていた」「人さらいのように連れて来られたのではないのだから強制じゃない」「当時は身売りは当たり前だった」ということを信じる人も少なくない。

そして、教育委員会などはまともな検証もせずに、「両論を併記して教えるよう」「意見が複数ある事象、歴史的評価がいまだ定まっていない事象について、慎重に取り扱い、十分配慮するよう」などと現場教師を指導する。

両論併記とは何だろう？　遠山茂樹氏は『歴史学から歴史教育へ』（岩崎書店、一九八〇年）のなかで、「学説とは、事実による検証すなわち論証を経たもの、学会で発表され他の研究者の批判を受けそれに耐えうるもの、学会の研究成果の多年にわたる蓄積を基礎とするもの」と書いている。「慰安婦」をめぐる歴史修正主義者の主張はそのいずれにも当たらないことは明白である。

授業内容の攻撃の口実には、「教科書に載っていない」というものもある。その意味でも二〇一二年以降の歴史教科書から「慰安婦」記述が消え、日本の戦争の侵略に関する記述が減少した事実は大きい。教科書に記載されることによって、現場に対する攻撃がしにくくなることはもちろん、「慰安婦」問題を良く知らない若い教師も教材研究をし、教える余地も出てくるからだ。

しかし、二〇一六年から使用されている社会科教科書で久しぶりに「慰安婦」記述が復活した。学び舎が出した『ともに学ぶ人間の歴史　中学社会歴史的分野』だ。「問い直される戦後」という章で、本文に強制連行・強制労働の事実と補償の問題を記述し、コラムとして「一九九一年の韓国の金学順の証言をきっかけとして、日本政府は、戦時下の女性への暴力と人権侵害についての調査を行った。そして、一九九三年にお詫びと反省の気持ちをしめす政府見解を発表した。このように、東アジアでも戦時下の人権侵害を問い直す動きがすすんだ。アメリ

学び舎発行『ともに学ぶ人間の歴史
中学社会歴史的分野』

【朝鮮・台湾《たいわん》の人びとと日本の戦争】

戦争が長期化すると，日本政府は，敗戦までに約70万人の朝鮮人を国内の炭鉱などに送り込んだ。長時間の重労働で，食事も不十分だったため，病気になったり，逃亡《とうぼう》したりする人も多かった。

さらに，志願や徴兵《ちょうへい》で，多数の人びとが日本軍に動員された。また，軍属《ぐんぞく》として，日本の占領地にある捕虜収容所《ほりょしゅうようじょ》の監視人《かんしにん》や土木作業などを命じられた。朝鮮からは軍人20万人以上，軍属約15万人，台湾からは軍人約8万人，軍属約12万人にのぼった。

一方，朝鮮・台湾の若い女性のなかには，戦地に送られた人たちがいた。この女性たちは，日本軍とともに移動させられ，自分の意思で行動することはできなかった。

【問い直される人権の侵害《しんがい》】

1990年代，世界では，戦時下や植民地支配下での人権侵害を問い直す動きがすすんだ。2001年に南アフリカで開かれた，国《こく》連主催《れんしゅさい》の会議で，奴隷貿易《どれいぼうえき》や奴隷制度，植民地支配の責任が初めて問われた。

アメリカ政府とカナダ政府は，第二次世界大戦中に日系アメリカ人を強制収容所に入れたことを謝罪し，被害者に補償を行った。2013年，イギリス政府は，植民地だったケニアで独立を求めた人びとを収容所に入れ，拷問《ごうもん》・虐待《ぎゃくたい》した問題で，被害者に補償を行うことを表明した。

1991年の韓国の金学順《キムハクスン》の証言をきっかけとして，日本政府は，戦時下の女性への暴力と人権侵害についての調査を行った。そして，1993年にお詫《わ》びと反省の気持ちをしめす政府見解を発表した。このように，東アジアでも戦時下の人権侵害を問い直す動きがすすんだ。アメリカ，オランダなど各国の議会もこの問題を取り上げた。

現在，世界各地の戦時下の暴力や人権侵害の責任が問い直されるようになっている。

学び舎発行『ともに学ぶ人間の歴史　中学社会歴史的分野』の「慰安婦」問題に関する記述（下線は編集部）

カ、オランダなど各国の議会もこの問題を取り上げた」と記述し、資料として河野洋平官房長官談話も一部を要約して記載している。これは画期的なことだ。それまで「慰安婦」を記述すると検定に合格しないということがまことしやかに言われてきた。しかし、そうではないことが証明されたのだ。たった一社の教科書といえど、教科書に記述された意義は大きい。

教科書会社としての良心をかけた努力を無にせず、教える工夫をしていくとともに、教科書に真実を載せるための取り組みが喫緊の課題であることは間違いない。

日本のよかった面だけを教えることは、果

たしてどんな人間を育てることにつながるのだろう？　最近は日本が一番、日本は素晴らしいといった日本礼賛のようなバラエティ番組だらけだ。しかし、そんな面だけを教えていては、尊大で傲慢な人間ができるだけではないのだろうか？　歴史には正負の両面がある。あえて、負の面を教え、学ぶことが、同じ過ちを二度と繰り返さないという視点から、重要だと考える。今まで教えてきた少なくない子どもたちが「負の面を知ることで、過ちを繰り返さない勉強になる」「日本の過ちを知ることが逆に近隣諸国との関係で大切」「自分の国が様々な国々に加害行為をしたということを知ることは、たとえ自分がやったことでなくても重要だと思う」と言っている。

「慰安婦」問題は戦争の実相を学ぶ上で重要な視点だ。軍隊の基地がおかれたり、戦争が起きているところでは、今なお戦時性暴力が起きている。その証拠が米兵による性暴力が繰り返される沖縄であり、内戦が続くシリアだ。私たちは「かわいそう」「ひどいね」という言葉で見過ごしてしまっていないだろうか。私は「慰安婦」問題を通じて、そういった現在起きている性暴力に対しても子どもたちに他人事としてでなく自分事としてとらえてほしいと思っている。当事者性をもって考えてほしいのだ。

競争や自己責任という言葉が跋扈し、社会保障制度も寸断され、新自由主義が横行している。東日本大震災の被災者は捨て置かれ、オリンピック狂騒曲が始まっている。子どもたちも大人たちも、AかBかという二者択一的な選択を迫られ、わかりやすい空疎な言葉に絡めとられようとしている。市民の間に分断と孤立が広がっている。

特定の政治的意図をもって歴史修正主義者たちによって作られた教科書の採択が徐々にではあるが増えている。そして、その教科書を使って子どもたちを政権が望む人間に作りかえようとする教育が画策されている。

今ほど歴史に関わっている研究者や教育者が現実を見つめ、現実に生き、そこから過去をどう見ていくのかが問われるときはないだろう。この現実にどう切り結んだ取り組みができるのか、そのことを私は、声を上げるようになった「慰安婦」の生き方や生徒たちから学んだ。歴史学と歴史教育との絆を強め、理論的にも実践的にも歴史修正主義者らの策動を乗りこえ、新しい戦後教育の峰を創りだしたい。いまこそ、再び戦争できる国に日本を変えようとする人びとの攻撃によっても揺るがない近現代史の教育内容の精選と実践づくりを、歴史研究者と歴史教育者が手を携えて行っていきたい。その授業の核となるのが「慰安婦」問題だ。怯まずに堂々と「慰安婦」問題を教えよう。そんな教育者がたくさん現れれば、必ず社会は変わる。

「傍観者にならない」、そして「抗う」

二〇一七年三月、卒業まで秒読みに入っていた。残された時間、何か自分のクラスの子どもたちにメッセージを送りたいと思って見せたのが映画「ホテル・ルワンダ」（二〇〇四年、テリー・ジョージ監督、イギリス・イタリア・南アフリカ共和国合作）。アフリカの小国ルワンダで、一九九四年、長年くすぶっていた民族対立（フツ族×ツチ族）が爆発し、一〇〇万人（国民の一〇％）を超える犠牲者を出す大虐殺が発生した。そのときに、四つ星ホテルの副支配人が一〇〇〇人を超す人々の命を救った実話をもとにした映画だ。その映画の一場面だ。あるカメラマンが、虐殺の映像を世界に発信した。「これを見て世界の人々が私たちを救ってくれる」と喜ぶ主人公。しかし、カメラマンは言う。「世界の人々はこの映像を見て、〈怖いね〉と言うだけで、ディナーを続ける」と。

私はこの場面こそ、子どもたちに見てもらいたかった。

「この話は今の沖縄に対する私たちの態度ではないのか？」と。

授業の中で、普天間基地や嘉手納基地の危険性、日本国内にある米軍基地の約七〇％が沖縄に押し付けられている状態、辺野古に新基地が、高江にオスプレイのヘリパッドが住民の反対の声を無視して作られていること、昨年（二〇一六年）二〇歳の女性が元海兵隊員によって暴行殺害されたことを取り上げてきた。「大変やなあ、沖縄って」「かわいそうやなぁ」で終わってしまうのではなく、どうしてこういうことが沖縄だけに集中しているのか？　なぜこの女性は被害にあったのだろう？　その原因はどこにあるのだろう？　沖縄の問題は本土に住む我々とどうかかわっているのだろう？　他人事なのだろうか？　と考えてほしかったからだ。

卒業式の後で、子どもたちが一人ひとり、私にメッセージカードをプレゼントしてくれた。真由は三年生になったばかりのころは、なかなか自分を表せず、不安そうにしている生徒だったが、卒業が近づくにつれて活発で自分を主張するようになってきた。真由はメッセージカードにこんなことを書いてくれた。

先生に出会ってから、私の人生は大きく変わりました!!　戦争や平和について人ごとにせず真剣に考えるようになりました。先生が毎日『なんくるないさ〜』（筆者注

――学級通信。沖縄の方言で「何とかなるさ」の意）を配ってくれたおかげ。それに一人一人のがんばりをちゃんと知ることもできました!!　三の六を最後まで見守り、だけど怒るときは怒る!!　そんな先生みたいな大人になるためにがんばります!!

入学式や卒業式のたびに、日の丸や君が代を巡って、右派議員から様々な圧力がかかるのが今の教育現場だ。「対面式の卒業式をやめろ」「壇上形式にして日の丸を正面に掲げよ」「子どもたちに君が代を斉唱させよ」など、さまざまなことが議会質問でも出される。忖度し、これまでの教職員の合意を無視しようとする管理職もいる。子どもたちのほうではなく、議員や教育委員会のほうを見ているとしか思えないこともあった。今までにも多くの管理職とやり取りをしてきた。徒労感が襲いかかってくることもあった。

ある日、ＰＴＡの広報担当者から、ＰＴＡ新聞の卒業生特集号のページに、「子どもたちがそれぞれ自分の中学校生活やこれからのことを漢字一文字で表して書いてほしい」と依頼があった。担任も書かなければならない。さてどんな文字を書こう？

「抗」

私が選んだ文字だ。私にはこの文字しか浮かばなかった。

考えると、ここ一〇年ほど私は常に抗ってきた。時には在特会に、教育委員会に、管理職に、民主的な教育を押しつぶそうとする動きに対して。抗うのは自分への攻撃に対してだが、それが自分に対してだけではなく学校という場、ひいては子どもたちにかけられている攻撃だからだ。私はたたかっているつもりはない。たたかうというのは相手を負かそうと考えてやる行為だ。私は負かそうとは思っていない。相手の攻撃をやめさせたいと思っているだけだ。だから、何度やられてもそのつど抗う。攻撃してくる相手を負かそうとはしないけれど、相手には負けたくない。通じないことはわかっていても、理をもって粘り強く抗うしかないと思っている。抗うためには、学ばなければならない。周りの人々にどちらに理があるかをわかってもらわなくてはならないから、説得力のある言葉も必要だ。面倒くさい。でも、続けていくしかない。理不尽な攻撃をする勢力に、自分たちがやっていることが社会をよくすることにつながらないということをわからせるために。そんなことをしても無駄だと思わせるために。

出来上がったＰＴＡ新聞が配られたとき、子どもたちは互いに書いた字の意味を聞きあったりしていた。私の文字に目を留め不思議そうにしていた子どもたちもいる。卒業式の最後のＨＲでその説明をしようと思っていた。

二〇一七年三月一四日、卒業式当日。子どもたちに話せる時間はわずかしかない。

みんなは、今まで素直であれ、聞き分けのいい子であれと言われてきたことが多いと思います。幼いころはそれでもいいかもしれません。でも、これからはあえてあなたたちに「抗」うことができる人になってほしいのです。私は「抗」うことを大事にしてきました。そしてあなたたちにも「抗」うことを大切にしてほしいと思って、PTA新聞にこの文字を書きました。

「抗」という文字は「反抗」の中に入っています。あまりいいイメージではないかもしれません。でも、「抵抗力」にも「抗」が入っています。病気などになったときに「抵抗力」のあるなしで回復が早かったり、すごく重い症状にもなります。「抵抗力」とは病気に負けない力、外からの圧力に負けない力を指します。

これから、みんなが出ていく社会は、人権が守られていなかったり、主権者である国民の声が踏みにじられることがある社会かもしれません。理不尽なことがたくさんあるかもしれません。そんなときに、素直であれとは言えません。そんな時は、抵抗するのです。抗うのです。でも、そのためには学ばなければなりません。力がいります。勇気がいります。何が理不尽なのか、それはどこから来ているのか、どうすればいいのか。それを見極める力がいります。人が理不尽な目にあっているときに、自分は関係ないと思って傍観者であれば、いつかはそれは自分にも及びます。一人で抗えないときは仲間と連帯するのです。共同するのです。

私はあなたたち全員に幸せになってほしい。幸せはどんなものかは人によって違うでしょう。でも、少なくとも、人を踏み台にしての幸せはありません。だれかが犠牲になっている幸せなんてないのです。自分が幸せになるためには、他者の幸せも守らなければなりません。人の幸せを踏みにじるような動きには抗うのです。自分の幸せが踏みにじられたときと同じように。そして、自分の視野を広げてください。日本のどこかに踏みにじられたり踏み台にされている人や地域がないか。それを他人事としておいていいのか。どうすればいいのか。そんなことを考えられる大人になっていってほしいのです。

これが私からみんなへの最後の言葉です。

私はこう言って、子どもたちを送り出した。

資料編

加藤内閣官房長官発表

平成４〔１９９２〕年7月6日

※【URL】http://www.mofa.go.jp/mofaj/area/taisen/kato.html

朝鮮半島出身のいわゆる従軍慰安婦問題については、昨年一二月より関係資料が保管されている可能性のある省庁において政府が同問題に関与していたかどうかについて調査を行ってきたところであるが、今般、その調査結果がまとまったので発表することとした。調査結果については配布してあるとおりであるが、私から要点をかいつまんで申し上げると、慰安所の設置、慰安婦の募集に当たる者の取締り、慰安施設の築造・増強、慰安所の経営・監督、慰安所・慰安婦の衛生管理、慰安所関係者への身分証明書等の発給等につき、政府の関与があったことが認められたということである。調査の具体的結果については、報告書に各資料の概要をまとめてあるので、それをお読み頂きたい。なお、詳しいことは後で内閣外政審議室から説明させるので、何か内容について御質問があれば、そこでお聞きいただきたい。

政府としては、国籍、出身地の如何を問わず、いわゆる従軍慰安婦として筆舌に尽くし難い辛苦をなめられた全ての方々に対し、改めて衷心よりお詫びと反省の気持ちを申し上げたい。また、このような過ちを決して繰り返してはならないという深い反省と決意の下に立って、平和国家としての立場を堅持するとともに、未来に向けて新しい日韓関係及びその他のアジア諸国、地域との関係を構築すべく努力していきたい。

この問題については、いろいろな方々のお話を聞くにつけ、誠に心の痛む思いがする。このような辛酸をなめられた方々に対し、我々の気持ちをいかなる形で表すことができるのか、各方面の意見も聞きながら、誠意をもって検討していきたいと考えている。

河野談話

慰安婦関係調査結果発表に関する河野内閣官房長官談話
平成5〔1993〕年8月4日
※【URL】http://www.mofa.go.jp/mofaj/area/taisen/kono.html

いわゆる従軍慰安婦問題については、政府は、一昨年12月より、調査を進めて来たが、今般その結果がまとまったので発表することとした。

今次調査の結果、長期に、かつ広範な地域にわたって慰安所が設置され、数多くの慰安婦が存在したことが認められた。慰安所は、当時の軍当局の要請により設営されたものであり、慰安所の設置、管理及び慰安婦の移送については、旧日本軍が直接あるいは間接にこれに関与した。慰安婦の募集については、軍の要請を受けた業者が主としてこれに当たったが、その場合も、甘言、強圧による等、本人たちの意思に反して集められた事例が数多くあり、更に、官憲等が直接これに加担したこともあったことが明らかになった。また、慰安所における生活は、強制的な状況の下での痛ましいものであった。

なお、戦地に移送された慰安婦の出身地については、日本を別とすれば、朝鮮半島が大きな比重を占めていたが、当時の朝鮮半島は我が国の統治下にあり、その募集、移送、管理等も、甘言、強圧による等、総じて本人たちの意思に反して行われた。

いずれにしても、本件は、当時の軍の関与の下に、多数の女性の名誉と尊厳を深く傷つけた問題である。政府は、この機会に、改めて、その出身地のいかんを問わず、いわゆる従軍慰安婦として数多の苦痛を経験され、心身にわたり癒しがたい傷を負われたすべての方々に対し心からお詫びと反省の気持ちを申し上げる。また、そのような気持ちを我が国としてどのように表すかということについては、有識者のご意見なども徴しつつ、今後とも真剣に検討すべきものと考える。

われわれはこのような歴史の真実を回避することなく、むしろこれを歴史の教訓として直視していきたい。われわれは、歴史研究、歴史教育を通じて、このような問題を永く記憶にとどめ、同じ過ちを決して繰り返さないという固い決意を改めて表明する。

なお、本問題については、本邦において訴訟が提起されており、また、国際的にも関心が寄せられており、政府としても、今後とも、民間の研究を含め、十分に関心を払って参りたい。

村山談話

村山内閣総理大臣談話「戦後50周年の終戦記念日にあたって」
平成7〔1995〕年8月15日
※【URL】http://www.mofa.go.jp/mofaj/press/danwa/07/dmu_0815.html

先の大戦が終わりを告げてから、五〇年の歳月が流れました。今、あらためて、あの戦争によって犠牲となられた内外の多くの人々に思いを馳せるとき、万感胸に迫るものがあります。

敗戦後、日本は、あの焼け野原から、幾多の困難を乗りこえて、今日の平和と繁栄を築いてまいりました。このことは私たちの誇りであり、そのために注がれた国民の皆様一人一人の英知とたゆみない努力に、私は心から敬意の念を表わすものであります。ここに至るまで、米国をはじめ、世界の国々から寄せられた支援と協力に対し、あらためて深甚な謝意を表明いたします。また、アジア太平洋近隣諸国、米国、さらには欧州諸国との間に今日のような友好関係を築き上げるに至ったことを、心から喜びたいと思います。

平和で豊かな日本となった今日、私たちはややもすればこの平和の尊さ、有難さを忘れがちになります。私たちは過去のあやまちを二度と繰り返すことのないよう、戦争の悲惨さを若い世代に語り伝えていかなければなりません。とくに近隣諸国の人々と手を携えて、アジア太平洋地域ひいては世界の平和を確かなものとしていくためには、なによりも、これらの諸国との間に深い理解と信頼にもとづいた関係を培っていくことが不可欠と考えます。政府は、この考えにもとづき、特に近現代における日本と近隣アジア諸国との関係にかかわる歴史研究を支援し、各国との交流の飛躍的な拡大をはかるために、この2つを柱とした平和友好交流事業を展開しております。また、現在取り組んでいる戦後処理問題についても、わが国とこれらの国々との信頼関係を一層強化するため、私は、ひき続き誠実に対応してまいります。

いま、戦後五〇周年の節目に当たり、われわれが銘記すべきことは、来し方を訪ねて歴史の教訓に学び、未来を望んで、人類社会の平和と繁栄への道を誤らないことであります。

わが国は、遠くない過去の一時期、国策を誤り、戦争への道を歩んで国民を存亡の危機に陥れ、植民地支配と侵略によって、多くの国々、とりわけアジア諸国の人々に対して多大の損害と苦痛を与えました。私は、未来に誤ち無からしめんとするが故に、疑うべくもないこの歴史の事実を謙虚に受け止め、ここにあらためて痛切な反省の意を表し、心からのお詫びの気持ちを表明いたします。また、この歴史がもたらした内外すべての犠牲者に深い哀悼の念を捧げます。

敗戦の日から50周年を迎えた今日、わが国は、深い反省に立ち、独善的なナショナリズムを排し、責任ある国際社会の一員として国際協調を促進し、それを通じて、平和の理念と民主主義とを押し広めていかなければなりません。同時に、わが国は、唯一の被爆国としての体験を踏まえて、核兵器の究極の廃絶を目指し、核不拡散体制の強化など、国際的な軍縮を積極的に推進していくことが肝要であります。これこそ、過去に対するつぐないとなり、犠牲となられた方々の御霊を鎮めるゆえんとなると、私は信じております。

「杖《よ》るは信《しん》に如《し》くは莫《な》し」（編集部注――「頼りにするものは、信義に勝るものはない」の意）と申します。この記念すべき時に当たり、信義を施政の根幹とすることを内外に表明し、私の誓いの言葉といたします。

宮沢談話

「歴史教科書」に関する宮沢内閣官房長官談話
昭和57〔1982〕年8月26日
※【URL】http://www.mofa.go.jp/mofaj/area/taisen/miyazawa.html

一、日本政府及び日本国民は、過去において、我が国の行為が韓国・中国を含むアジアの国々の国民に多大の苦痛と損害を与えたことを深く自覚し、このようなことを二度と繰り返してはならないとの反省と決意の上に立って平和国家としての道を歩んできた。我が国は、韓国については、昭和四十年の日韓共同コミニ《（ママ）》ュニケの中において「過去の関係は遺憾であって深く反省している」との認識を、中国については日中共同声明において「過去において日本国が戦争を通じて中国国民に重大な損害を与えたことの責任を痛感し、深く反省する」との認識を述べたが、これも前述の我が国の反省と決意を確認したものであり、現在においてもこの認識にはいささかの変化もない。

二、このような日韓共同コミュニケ、日中共同声明の精神は我が国の学校教育、教科書の検定にあたっても、当然、尊重されるべきものであるが、今日、韓国、中国等より、こうした点に関する我が国教科書の記述について批判が寄せられている。我が国としては、アジアの近隣諸国との友好、親善を進める上でこれらの批判に十分に耳を傾け、政府の責任において是正する。

三、このため、今後の教科書検定に際しては、教科用図書検定調査審議会の議を経て検定基準を改め、前記の趣旨が十分実現するよう配慮する。すでに検定の行われたものについては、今後すみやかに同様の趣旨が実現されるよう措置するが、それ迄の間の措置として文部大臣が所見を明らかにして、前記二の趣旨を教育の場において十分反映せしめるものとする。

四、我が国としては、今後とも、近隣国民との相互理解の促進と友好協力の発展に努め、アジアひいては世界の平和と安定に寄与していく考えである。

安倍談話

内閣総理大臣談話
平成27〔２０１５〕年8月14日
※【URL】http://www.kantei.go.jp/jp/97_abe/discource/20150814danwa.html

終戦七十年を迎えるにあたり、先の大戦への道のり、戦後の歩み、二十世紀という時代を、私たちは、心静かに振り返り、その歴史の教訓の中から、未来への知恵を学ばなければならないと考えます。

百年以上前の世界には、西洋諸国を中心とした国々の広大な植民地が、広がっていました。圧倒的な技術優位を背景に、植民地支配の波は、十九世紀、アジアにも押し寄せました。その危機感が、日本にとって、近代化の原動力となったことは、間違いありません。アジアで最初に立憲政治を打ち立て、独立を守り抜きました。日露戦争は、植民地支配のもとにあった、多くのアジアやアフリカの人々を勇気づけました。

世界を巻き込んだ第一次世界大戦を経て、民族自決の動きが広がり、それまでの植民地化にブレーキがかかりました。この戦争は、一千万人もの戦死者を出す、悲惨な戦争でありました。人々は「平和」を強く願い、国際連盟を創設し、不戦条約を生み出しました。戦争自体を違法化する、新たな国際社会の潮流が生まれました。

当初は、日本も足並みを揃えました。しかし、世界恐慌が発生し、欧米諸国が、植民地経済を巻き込んだ、経済のブロック化を進めると、日本経済は大きな打撃を受けました。その中で日本は、孤立感を深め、外交的、経済的な行き詰まりを、力の行使によって解決しようと試みました。国内の政治システムは、その歯止めたりえなかった。こうして、日本は、世界の大勢を見失っていきました。

満州事変、そして国際連盟からの脱退。日本は、次第に、国際社会が壮絶な犠牲の上に築こうとした「新しい国際秩序」への「挑戦者」となっていった。進むべき針路を誤り、戦争への道を進んで行きました。

そして七十年前。日本は、敗戦しました。

戦後七十年にあたり、国内外に斃れたすべての人々の命の前に、深く頭を垂れ、痛惜の念を表すとともに、永劫の、哀悼の誠を捧げます。

先の大戦では、三百万余の同胞の命が失われました。祖国の行く末を案じ、家族の幸せを願いながら、戦陣に散った方々。終戦後、酷寒の、あるいは灼熱の、遠い異郷の地にあって、飢えや病に苦しみ、亡くなられた方々。広島や長崎での原爆投下、東京をはじめ各都市での爆撃、沖縄における地上戦などによって、たくさんの市井の人々が、無残にも犠牲となりました。

戦火を交えた国々でも、将来ある若者たちの命が、数知れず失われました。中国、東南アジア、太平洋の島々など、戦場となった地域では、戦闘のみならず、食糧難などにより、多くの無辜の民が苦しみ、犠牲となりました。**戦場の陰には、深く名誉と尊厳を傷つけられた女性たちがいたことも、忘れてはなりません。**（太字は編集部）

何の罪もない人々に、計り知れない損害と苦痛を、我が国が与えた事実。歴史とは実に取り返しのつかない、苛烈なものです。一人ひとりに、それぞれの人生があり、夢があり、愛する家族があった。この当然の事実をかみしめる時、今なお、言葉を失い、ただただ、断腸の念を禁じ得ません。

これほどまでの尊い犠牲の上に、現在の平和がある。これが、戦後日本の原点であります。

二度と戦争の惨禍を繰り返してはならない。

事変、侵略、戦争。いかなる武力の威嚇や行使も、国際紛争を解決する手段としては、もう二度と用いてはならない。植民地支配から永遠に訣別し、すべての民族の自決の権利が尊重される世界にしなければならない。

先の大戦への深い悔悟の念と共に、我が国は、そう誓いました。自由で民主的な国を創り上げ、法の支配を重んじ、ひたすら不戦の誓いを堅持してまいりました。七十年間に及ぶ平和国家としての歩みに、私たちは、静かな誇りを抱きながら、この不動の方針を、これからも貫いてまいります。

我が国は、先の大戦における行いについて、繰り返し、痛切な反省と心からのお詫びの気持ちを表明してきました。その思いを実際の行動で示すため、インドネシア、フィリピンはじめ東南アジアの国々、台湾、韓国、中国など、隣人であるアジアの人々が歩んできた苦難の歴史を胸に刻み、戦後一貫して、その平和と繁栄のために力を尽くしてきました。

こうした歴代内閣の立場は、今後も、揺るぎないものであります。

ただ、私たちがいかなる努力を尽くそうとも、家族を失った方々の悲しみ、戦禍によって塗炭の苦しみを味わった人々の辛い記憶は、これからも、決して癒えることはないでしょう。

ですから、私たちは、心に留めなければなりません。

戦後、六百万人を超える引揚者が、アジア太平洋の各地から無事帰還でき、日本再建の原動力となった事実を。中国に置き去りにされた三千人近い日本人の子どもたちが、無事成長し、再び祖国の土を踏むことができた事実を。米国や英国、オランダ、豪州などの元捕虜の皆さんが、長年にわたり、日本を訪れ、互いの戦死者のために慰霊を続けてくれている事実を。

戦争の苦痛を嘗め尽くした中国人の皆さんや、日本軍によって耐え難い苦痛を受けた元捕虜の皆さんが、それほど寛容であるためには、どれほどの心の葛藤があり、いかほどの努力が必要であったか。

そのことに、私たちは、思いを致さなければなりません。

寛容の心によって、日本は、戦後、国際社会に復帰することができました。戦後七十年のこの機にあたり、我が国は、和解のために力を尽くしてくださった、すべての国々、すべての方々に、心からの感謝の気持ちを表したいと思います。

日本では、戦後生まれの世代が、今や、人口の八割を超えています。あの戦争には何ら関わりのない、私たちの子や孫、そしてその先の世代の子どもたちに、謝罪を続ける宿命を背負わせてはなりません。しかし、それでもなお、私たち日本人は、世代を超えて、過去の歴史に真正面から向き合わなければなりません。謙虚な気持ちで、過去を受け継ぎ、未来へと引き渡す責任があります。

私たちの親、そのまた親の世代が、戦後の焼け野原、貧しさのどん底の中で、命をつなぐことができた。そして、現在の私たちの世代、さらに次の世代へと、未来をつないでいくことができる。それは、先人たちのたゆまぬ努力と共に、敵として熾烈に戦った、米国、豪州、欧州諸国をはじめ、本当にたくさんの国々から、恩讐を越えて、善意と支援の手が差しのべられたおかげであります。

そのことを、私たちは、未来へと語り継いでいかなければならない。歴史の教訓を深く胸に刻み、より良い未来を切り拓いていく、アジア、そして世界の平和と繁栄に力を尽くす。その大きな責任があります。

私たちは、自らの行き詰まりを力によって打開しようとした過去を、この胸に刻み続けます。だからこそ、我が国は、いかなる紛争も、法の支配を尊重し、力の行使ではなく、平和的・外交的に解決すべきである。この原則を、これからも堅く守り、世界の国々にも働きかけてまいります。唯一の戦争被爆国として、核兵器の不拡散と究極の廃絶を目指し、国際社会でその責任を果たしてまいります。

私たちは、二十世紀において、戦時下、多くの女性たちの尊厳や名誉が深く傷つけられた過去を、この胸に刻み続けます。だからこそ、我が国は、そうした女性たちの心に、常に寄り添う国でありたい。二十一世紀こそ、女性の人権が傷つけられることのない世紀とするため、世界をリードしてまいります。

私たちは、経済のブロック化が紛争の芽を育てた過去を、この胸に刻み続けます。だからこそ、我が国は、いかなる国の恣意にも左右されない、自由で、公正で、開かれた国際経済システムを発展させ、途上国支援を強化し、世界の更なる繁栄を牽引してまいります。繁栄こそ、平和の礎です。暴力の温床ともなる貧困に立ち向かい、世界のあらゆる人々に、医療と教育、自立の機会を提供するため、一層、力を尽くしてまいります。

私たちは、国際秩序への挑戦者となってしまった過去を、この胸に刻み続けます。だからこそ、我が国は、自由、民主主義、人権といった基本的価値を揺るぎないものとして堅持し、その価値を共有する国々と手を携えて、「積極的平和主義」の旗を高く掲げ、世界の平和と繁栄にこれまで以上に貢献してまいります。

終戦八十年、九十年、さらには百年に向けて、そのような日本を、国民の皆様と共に創り上げていく。その決意であります。

平成二十七年八月十四日
内閣総理大臣　安倍　晋三

日本で行われた日本軍性暴力被害者裁判

①アジア太平洋戦争韓国人犠牲者補償請求訴訟

提訴人＝金学順ら「慰安婦」被害者九名と元軍人・軍属
一九九一年一二月六日　東京地裁に提訴
二〇〇一年三月二六日　東京地裁で請求棄却
二〇〇三年七月二二日　東京高裁で請求棄却
二〇〇四年一一月二九日　最高裁で上告棄却・判決

【解説】「慰安婦」にさせられたと初めて名乗り出た金学順さんたちが提訴（金学順さんは一九九七年死去）。地裁判決は事実認定を行ったものの、法的主張は認めず請求を棄却。高裁では、強制労働条約違反、醜業条約違反などの国際法違反を指摘して、日本政府の安全配慮義務違反を認定。「国家無答責」の法理についても「現行憲法下では正当性、合理性は見いだしがたい」と高裁では初めて否定したものの、請求は棄却された。

②釜山「従軍慰安婦」・女子勤労挺身隊公式謝罪等請求訴訟

提訴人＝河順女ら三名の「慰安婦」被害者と女子勤労挺身隊七名
一九九二年一二月二五日　山口地裁下関支部へ提訴
一九九八年四月二七日　山口地裁下関支部で一部勝訴
二〇〇一年三月二九日　広島高裁で全面敗訴
二〇〇三年三月二五日　最高裁で上告棄却・不受理決定

【解説】韓国釜山市等の日本軍「慰安婦」被害者三名と女子勤労挺身隊七名を原告とする裁判。韓国社会では「慰安婦」は長く「挺身隊」と同義語であり、性暴力被害者と軍需工場への強制動員被害者は混同されてきた。一九九八年の下関判決は「慰安婦」原告の被害に対しては「徹底した女性差別と民族差別思想の現れ」と認定し、日本国に立法不作為による賠償を命じた。しかし挺身隊原告の請求は棄却された。広島高裁で敗訴。最高裁で棄却決定。

③フィリピン「従軍慰安婦」国家補償請求訴訟

提訴人＝マリア・ロサ・ルナ・ヘンソン、トマサ・サリノグ、エヌ・ゲートルード・バ

リサリサら四六名
一九九三年四月二日　一八名が東京地裁へ提訴
一九九三年九月二〇日　二八名が追加提訴
一九九八年一〇月九日　東京地裁で請求棄却
二〇〇〇年一二月六日　東京高裁で請求棄却
二〇〇三年一二月二五日　最高裁で上告棄却・不受理決定

【解説】フィリピン被害の特徴は、家族の虐殺の中で、銃剣を突きつけられて日本軍駐屯地等へ拉致監禁され性奴隷とされたことだ。被害者の七割は未成年者。一審で、九名の本人尋問が行われたが、裁判官は被害女性の首の傷跡の確認を拒否した。証人尋問は唯一、国際人道法学者・カルスホーベン氏によるもので「ハーグ条約三条は個人の請求権を定めたもの」との証言が行われた。上告棄却はクリスマスの日。「せめて、被害事実を認めてほしかった!」悲痛な叫びはつづく。

④在日韓国人元「従軍慰安婦」謝罪・補償請求訴訟

提訴人＝宋神道

一九九三年四月五日　東京地裁へ提訴
一九九九年一〇月一日　東京地裁で請求棄却
二〇〇〇年一一月三〇日　東京高裁で請求棄却
二〇〇三年三月二八日　最高裁で上告棄却・不受理決定

【解説】宋神道さんは、在日韓国人被害者としては唯一の原告である。生活するうえでのさまざまな制約、差別・偏見のなかで裁判を継続するのは容易なことではなかった。地裁判決では、中国大陸において部隊とともに移動せざるを得なかった七年間に及ぶ被害の事実が認定された。高裁では、はじめて「強制労働条約や醜業条約に違反した行為があり国際法上の国家責任が発生した」と認められたが、いずれも国家無答責、除斥期間を理由に退けられた。

⑤オランダ人元捕虜・民間抑留者損害賠償請求事件

提訴人＝「慰安婦」被害者一名と元捕虜・抑留者七名
一九九四年一月二五日　東京地裁へ提訴
一九九八年一一月三〇日　東京地裁で請求棄却

二〇〇一年一〇月一一日　東京高裁で請求棄却
二〇〇四年三月三〇日　最高裁で上告棄却・不受理決定
【解説】旧蘭印（インドネシア）でオランダ人一〇万人余の民間人が日本軍に抑留された。この抑留者の中から、若い女性が「慰安婦」として徴発された。特に、生後間もない子どもから成人前の少年少女時代の三年余を抑留所で過ごした人たちのトラウマは、成人後もさまざまな障害をもたらした。ハーグ条約三条を基に、人道法の違反と損害賠償が国際法として従来から認められていると主張したが、一、二審とも、国際法は個人の請求権を基礎付けるものでないとして棄却。上告も棄却された。

⑥中国人「慰安婦」損害賠償請求訴訟　第一次

提訴人＝李秀梅、劉面煥、陳林桃、周喜香
一九九五年八月七日　東京地裁へ提訴
二〇〇一年五月三〇日　東京地裁で請求棄却
二〇〇四年一二月一五日　東京高裁で請求棄却
二〇〇七年四月二七日　最高裁で上告棄却・不受理決定

【解説】地裁では一一回の口頭弁論が開かれ、原告三名の本人尋問（他の一名はビデオ証言）、一二名の意見陳述、国際法の学者証人の尋問が行われたが、地裁判決では事実認定も行わずに請求が棄却された。高裁では一一回の口頭弁論が開かれ、控訴人一名と元日本軍兵士、歴史学者の証人尋問、控訴人二名の意見陳述が行われた。高裁判決では、事実認定されたが、法律論では国家無答責・除斥期間で敗訴となった。

⑦中国人「慰安婦」損害賠償請求訴訟　第二次

提訴人＝郭喜翠、侯巧蓮（一九九九年五月死去）

一九九六年二月二三日　東京地裁へ提訴

二〇〇二年三月二九日　東京地裁で請求棄却

二〇〇五年三月一八日　東京高裁で請求棄却

二〇〇七年四月二七日　最高裁で上告棄却・判決

【解説】地裁では一二回の口頭弁論が開かれ、原告二名の本人尋問が行われた。判決では請求は棄却されたものの、詳細な事実認定と現在までＰＴＳＤの被害を受けていることが認定された。高裁では八回の口頭弁論が開かれ、控訴人（故・侯巧蓮長女）

と現地で調査した証人の尋問が行われた。高裁判決では、地裁判決の事実認定とPTSDの認定は維持され、国家無答責の法理を排斥し、日本国の不法行為責任は認めつつ、日華平和条約で解決済みとして請求を棄却した。最高裁判決は「日中共同声明（第五項）で放棄した」として、棄却理由を変更して上告を棄却した。

⑧山西省性暴力被害者損害賠償請求訴訟

提訴人＝万愛花、趙潤梅、南二僕（故人）ほか七名
一九九八年一〇月三〇日　東京地裁へ提訴
二〇〇三年四月二四日　東京地裁で請求棄却
二〇〇五年三月三一日　東京高裁で請求棄却
二〇〇五年一一月一八日　最高裁で上告棄却・不受理決定

【解説】地裁では一六回の弁論が開かれ、原告一〇名中八名の本人尋問と、被害地での目撃証人二名の証人尋問が行われた。地裁判決では請求は棄却されたものの、被害事実はほぼ全面的に認められ、日本軍による加害行為を「著しく常軌を逸した卑劣な蛮行」と断罪。立法的・行政的な解決が望まれる旨の異例の付言がなされた。

高裁判決では地裁判決の事実認定と付言が再確認され、法律論でも論破したにも関わらず、国家無答責で敗訴となった。

⑨台湾人元「慰安婦」損害賠償請求訴訟

提訴人＝高寶珠、黄阿桃ほか九名（うち二名は係争中に死去）
一九九九年七月一四日　東京地裁へ提訴
二〇〇二年一〇月一五日　東京地裁で請求棄却
二〇〇四年二月九日　東京高裁で請求棄却
二〇〇五年二月二五日　最高裁で上告棄却・不受理決定

【解説】一九九二年、専門調査委員会による調査の結果、台湾人女性四八名の被害事実が確認された（二〇〇五年五月現在三〇名）。台湾の被害形態には次の二種類が混在している。㈠働き口があると騙されて海外の「慰安所」に連行された漢民族の女性たち、㈡部落の近くに駐屯していた日本軍の雑用を言いつけられ、毎日出向く中でやがて強かんが継続された原住民の女性たち。日本政府の謝罪と賠償を求めた訴訟は、事実認定すらなかった一審判決を支持した二審判決が確定した。

⑩海南島戦時性暴力被害賠償請求訴訟

提訴人＝陳亜扁、林亜金、黄有良ら八名（うち二名は係争中に死去）
二〇〇一年七月一六日　東京地裁へ提訴
二〇〇六年八月三〇日　東京地裁で請求棄却
二〇〇九年三月二六日　東京高裁で請求棄却
二〇一〇年三月二日　最高裁で上告棄却・不受理決定

【解説】日本軍は南進の基地と資源獲得のために一九三九年から海南島を占領。原告（海南島の少数民族女性）は駐屯地に拉致・監禁され、日本軍投降まで繰り返し性暴力を受けた。戦中の被害と戦後の日本政府の不作為について損害賠償を請求。地裁・高裁ともに事実は認められ、高裁では「破局的体験後の持続的人格変化」が認定された。「国家無答責」の法理は否定されたものの、日中共同声明（第五項）により賠償請求権が放棄されたとして控訴棄却。最高裁で棄却決定。

（編集部注――「日本で行われた日本軍性暴力被害者裁判」は、アクティブ・ミュージアム「女たちの戦争と平和資料館」（wam〈women's active museum on war and peace〉のサイトより引用）

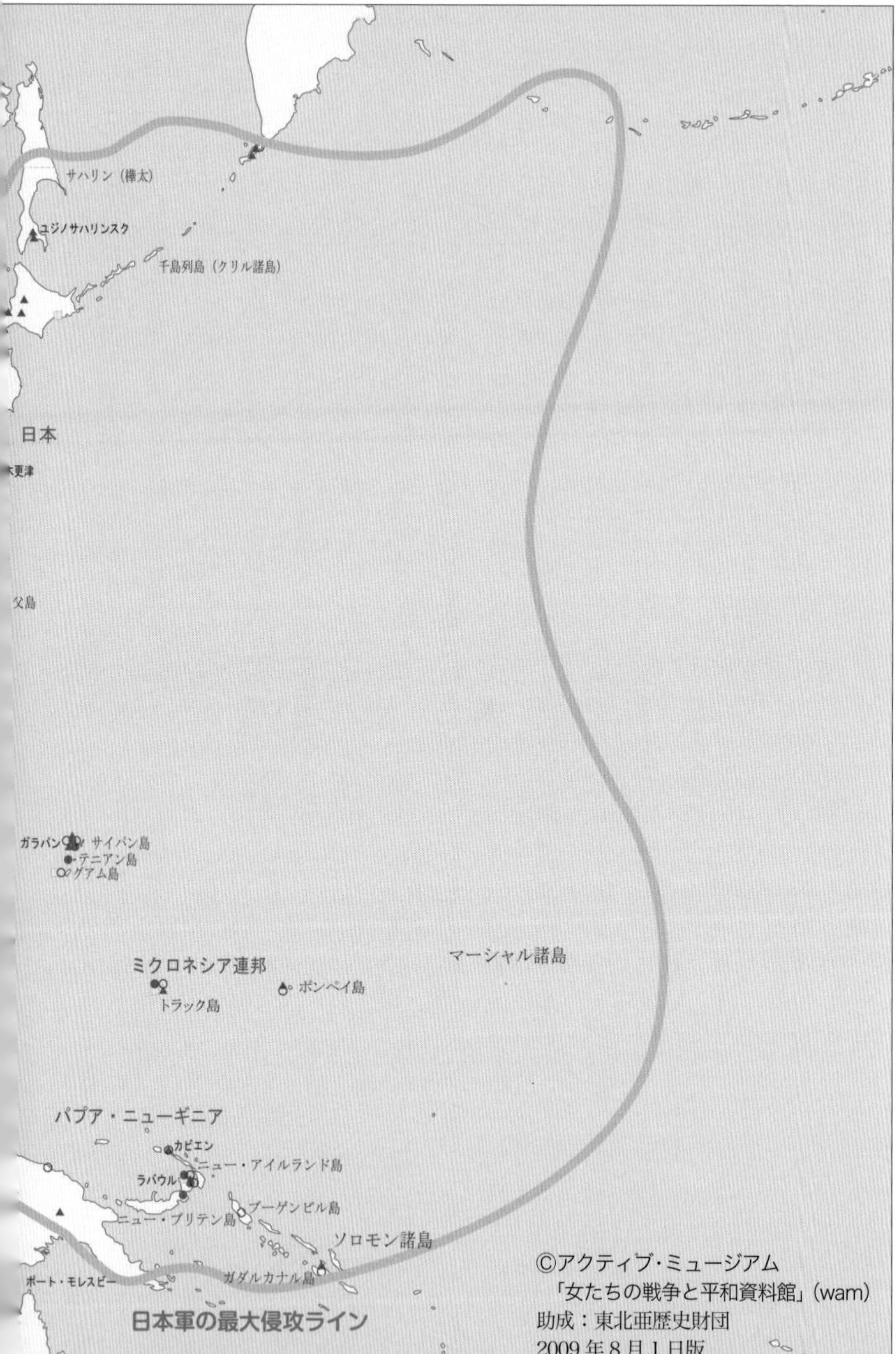

助成：東北亜歴史財団
2009年8月1日版

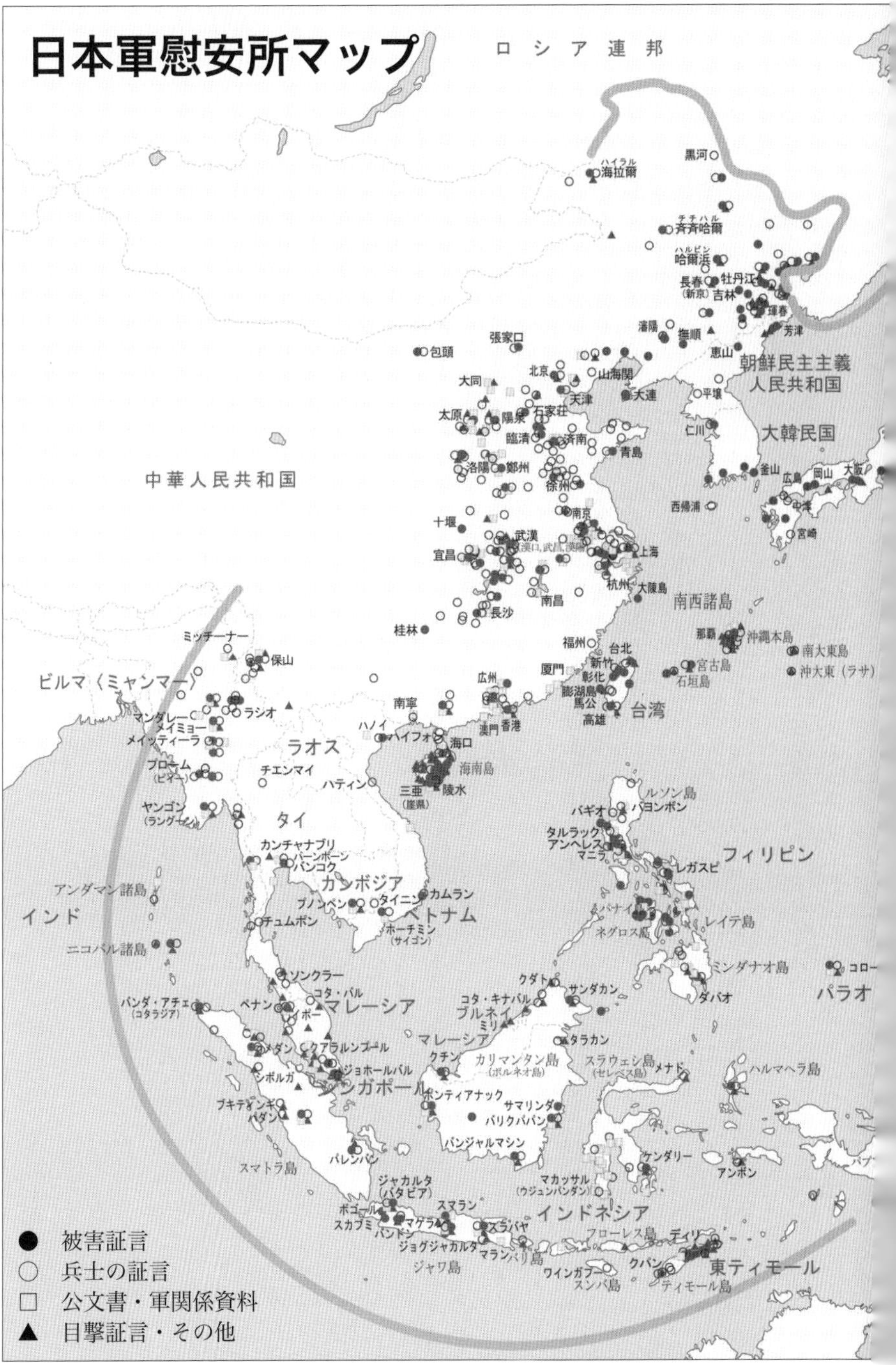
日本軍慰安所マップ
ロシア連邦
海拉爾《ハイラル》
黒河
斉斉哈爾《チチハル》
哈爾浜《ハルビン》
長春
(新京)
吉林
牡丹江
琿春
瀋陽
撫順
芳津
張家口
包頭
恵山
朝鮮民主主義
人民共和国
北京
山海関
大同
天津
大連
平壌
太原
陽泉
石家荘
仁川
大韓民国
臨清
済南
青島
中華人民共和国
洛陽
鄭州
釜山
広島
岡山
大阪
徐州
西帰浦
中津
南京
十堰
武漢
(漢口,武昌,漢陽)
上海
宮崎
宜昌
杭州
大陳島
南昌
南西諸島
長沙
桂林
那覇
沖縄本島
南大東島
ミッチーナー
福州
台北
沖大東(ラサ)
保山
新竹
宮古島
石垣島
厦門
彰化
ビルマ〈ミャンマー〉
広州
膨湖島
馬公
台湾
ラシオ
南寧
高雄
マンダレー
メイミョー
澳門
香港
メイッティーラ
ハノイ
ハイフォン
ラオス
海口
プローム
(ピイー)
チエンマイ
海南島
ハティン
三亜
(崖県)
陵水
ルソン島
ヤンゴン
(ラングーン)
タイ
バギオ
バヨンボン
タルラック
アンヘレス
カンチャナブリ
バーンポーン
バンコク
マニラ
レガスピ
フィリピン
アンダマン諸島
カンボジア
プノンペン
タイニン
カムラン
インド
ベトナム
パナイ島
チュムポン
ホーチミン
(サイゴン)
レイテ島
ネグロス島
ニコバル諸島
ミンダナオ島
コロール
ソンクラー
クダト
サンダカン
ダバオ
パラオ
コタ・バル
バンダ・アチェ
(コタラジア)
ペナン
イポー
マレーシア
コタ・キナバル
ブルネイ
ミリ
マレーシア
メダン
クアラルンプール
タラカン
クチン
カリマンタン島
(ボルネオ島)
スラウェシ島
(セレベス島)
メナド
ハルマヘラ島
ジョホールバル
シボルガ
シンガポール
ポンティアナック
サマリンダ
ブキティンギ
パダン
バリクパパン
バンジャルマシン
ケンダリー
スマトラ島
パレンバン
アンボン
ジャカルタ
(バタビア)
マカッサル
(ウジュンパンダン)
スマラン
ボゴール
インドネシア
スカブミ
バンドン
マゲラン
スラバヤ
フローレス島
ディリ
ジョグジャカルタ
マランバリ島
ジャワ島
ワインガプー
スンバ島
クパン
ティモール島
東ティモール
● 被害証言
○ 兵士の証言
□ 公文書・軍関係資料
▲ 目撃証言・その他

【教材研究のために読んでほしい参考図書】

- ◉西野瑠美子『従軍慰安婦のはなし―十代のあなたへのメッセージ』（明石書店、一九九三年）
- ◉吉見義明『従軍慰安婦』（岩波新書、一九九五年）
- ◉川田文子『イアンフと呼ばれた戦場の少女』（高文研、二〇〇五年）
- ◉アクティブ・ミュージアム「女たちの戦争と平和資料館」編『証言 未来への記憶 アジア「慰安婦」証言集1／2 ～南・北・在日コリア編（上）／（下）』（明石書店、二〇〇六／二〇一〇年）
- ◉大森典子・川田文子『「慰安婦」問題が問うてきたこと』（岩波ブックレット、二〇一〇年）
- ◉吉見義明『日本軍「慰安婦」制度とは何か』（岩波ブックレット、二〇一〇年）
- ◉林博史・俵義文・渡辺美奈『「村山・河野談話」見直しの錯誤　歴史認識と「慰安婦」問題をめぐって』（かもがわ出版、二〇一三年）
- ◉「戦争と女性への暴力」リサーチアクションセンター編『「慰安婦」バッシングを越えて「河野談話」と日本の責任』（大月書店、二〇一三年）
- ◉アクティブ・ミュージアム「女たちの戦争と平和資料館」編『日本軍「慰安婦」問題　すべての疑問に答えます。』（合同出版、二〇一三年）
- ◉日本軍「慰安婦」問題webサイト制作委員会編『Q＆A「慰安婦」・強制・性奴隷　あなたの疑問に答えます』（御茶の水書房、二〇一四年）
- ◉日本軍「慰安婦」問題webサイト制作委員会編『Q＆A　朝鮮人「慰安婦」と植民地支配責任　あなたの疑問に答えます』（御茶の水書房、二〇一五年）
- ◉林博史『日本軍「慰安婦」問題の核心』（花伝社、二〇一五年）
- ◉「戦争と女性への暴力」リサーチアクションセンター『日本人「慰安婦」　愛国心と人身売買と』（現代書館、二〇一五年）

（※筆者注――比較的入手しやすい書籍を選んだ）

おわりに

二〇一七年九月一二日、「チビチリガマが荒らされてる！」、友人がフェイスブックに投稿した。

チビチリガマは沖縄県読谷村にあり波平の住民が避難したガマで、米軍が上陸した一九四五年四月一日に避難した一四〇人のうち八五人が「集団自決」をした。平和学習の場として大切にされてきたが、ガマの中にはたくさんの遺品が当時のままに保存されており、中に足を踏み入れることはなかった。そのガマが襲われたのだ。入り口の看板は投げ捨てられ、千羽鶴が引きちぎられ、ガマの中の遺品なども損壊した。

「ここまで右派勢力はやるのか！」――一月二日に放送された東京MXテレビ「ニュース女子」で、沖縄高江の米軍ヘリパッド基地建設反対運動について、「マスコミが報道しない真実」というタイトルで、情報の裏付けがないままのデマが流されたり、ヘイトスピーチ解消法の施行後も川崎などでヘイトデモが計画されたりするなど、沖縄や在日の人々に対する憎悪ともいえるような出来事が起きていたからだ。それに輪をかけるように、九月一日の関東大震災朝鮮人犠牲者追悼式に毎年行ってきた追悼文を小池東京都知事が送らないと表明した。

ありもしないことをあったことにしようとしたり、あったことをなかったことにしようとする動きや、歴史を忘却しようとするムードがますます強まっていると感じていた。

ところが、チビチリガマを破壊したのは、一六歳から一九歳の少年たちだった。動機は警察の発表では「肝試し」「いたずら」とのことだった。その発表に私は逆に暗澹たる思いになった。沖縄戦とは何か、どうしてここで多くの人が「集団自決」に追い込まれたのか、そういったことが全く若い世代に継承されていなかったのだ。

戦争によって非業の死を遂げたり、人生を破壊されたりした人々の悲惨な体験は何を物語るのか。それは単なる悲劇の物語ではない。終わった過去のことでもない。

そこから学ぶべきは、その真実を知り、記憶し、未来の平和を築くために継承していくことではないだろうか。体験をただ聞くだけでなく問いを立て、その答えを模索していくプロセスを大切にしなくてはいけない。「戦争はいけない」「平和がいい」という言葉をいくら並べ立てても、本質にたどりつけないばかりか、形だけで時がたてば忘れられていくものでしかない。教師として自分自身が行ってきた平和学習について改めてふり返る必要性を考えさせられた。

「慰安婦」問題を二〇年にわたって教え続けてきた。この問題を教えることがどうして攻撃の的になったり、注目されたりするのだろう。最近では、「慰安婦」のことを唯一記述した「学び舎」の中学校社会科教科書を採択した私立中学校などに同じ文面での脅迫とも取れるようなはがきが大量に舞い込んだことも大きな話題になった。戦争の本質から目を背け、美談としての戦争を教え、それによって日本人としての誇りを植えつけようとする人々がいる。

その行為が結局、沖縄戦の真実や基地問題の本質から目をそらさせ、関東大震災における朝鮮人虐殺をなかったことにしようとする動きと連動しているのだ。これが、ヘイトスピーチやヘイトデモを誘引していると言えるのではないだろうか。

私が攻撃されても攻撃されてもへこたれないのは、歴史を教えることを自分の職業とし、未来を作る子どもたちに向き合っているからだ。子どもたちが歴史を学ぶ機会は、学校がほとんどだ。沖縄や広島・長崎への修学旅行、そして平和学習、歴史における戦争の学習。今の中学生たちに聞くと、中国や北朝鮮、韓国にいいイメージを持っていないことがよくわかる。その責任の一端は現在の政治にあると強く思う。近隣の国々に悪い感情しか持てないようにいたずらに敵対心をあおっているからだ。だからこそ、子どもたちに伝えたいのだ。戦争の本質を。

この一〇年間、さまざまな攻撃にさらされてきた。その圧力に抗い続けてこられたのは、真理、真実にたった科学的系統的な歴史教育をめざす歴史教育者協議会、そして、学校における教育活動の自由を守るために取り組む教職員組合の仲間たちの支えがあったからだ。最初に在特会に攻撃を受けたとき、真っ先に激励し、支えてくれたのが立命館宇治中学高等学校の本庄豊さんだった。それ以来、研究や執筆の面でも導いていただいた。

高文研の真鍋かおるさんから、「〈慰安婦」問題の授業の紹介だけでなく、子どもたちとのやり取りのなかで人間関係を作りながら歴史認識や人権意識が問われる授業をやってきたことを書いてほしい」と言われたとき、子どもたちとのことなら書けそうな気がすると引き受けた。教師になってからめぐり合ってきた子どもたちこそが、私を教師として育ててくれた大切な存在だ。だから、「慰安婦」の実践とともに、その子どもたちの姿を残しておきたかった。出版を熱心に勧め、取り組んでくれた真鍋さんに厚く感謝する。

最後に、この本を日本軍によって踏みにじられた「慰安婦」の方々に捧げたい。そして、これからも「慰安婦」の問題を教え続けようと思う。

二〇一七年九月二二日

平井　美津子

新装版の少し長いあとがき

この本が世に出た翌年の二〇一八年一月、朝日新聞のひと欄に筆者が取り上げられた。朝日新聞にとっては「慰安婦」問題を報道することには高いハードルがあった。それは二〇一四年に朝日新聞が「慰安婦」報道についての訂正とお詫びを出し、そのことで大きなバッシングを受けていたからだ。筆者としても一抹の不安があったが、反響の多くは好意的なものだった。「慰安婦」の授業がメディアに取り上げられることで、それが特別な授業ではなく、どんな学校でもできるものだと捉えられると心が弾んだ。

その後、この本に関心を持った共同通信の記者からの要請を受け、憲法企画として連載されている「憲法　マイストーリー」に登場することになった。二〇一八年一〇月から各地の地方紙に、記事が配信、掲載された。記事では筆者が行ってきた「慰安婦」授業が紹介されるとともに、筆者が胸の中でいつも大切にしている「胸が痛い。でも話します。このことを歴史に残さなければなりません。若者に事実を教えなくてはいけません」という金学順の言葉で結ばれていた。

掲載直後から学校の電話が鳴り始めた。大阪の吉村洋文市長（当時）が一〇月一〇日の自らのツイッターで「世界の性暴力や女性差別問題を生徒に教育するのは賛成だ。しかし、慰安婦問題を扱うこの教諭は、先の国会で河野外務大臣が『史実に反する』と答弁した事実は生徒に伝えてるんだろうか。歴史学者の反対の立場を生徒に伝えてるんだろうか。公立公務員の教員の授業だ。新文科大臣はこの現状を知ってくれ」と発信した。

吉村氏が引用した国会における河野太郎外務大臣（当時）の発言は、「性奴隷という言葉は事実に反するので使用すべきではないというのが日本側の考え方」という答弁を指すと推測されるが、ここでは性奴隷という言葉が事実に反すると述べているだけであって、「慰安婦」の存在を否定するものではない。しかし、吉村氏はこの発言を「慰安婦」の存在そのものが史実に反すると述べたかのようにミスリードした。

「慰安婦なんてただの売春婦」「学校に抗議の電話していいよね?·」「この学校の前でデモしようぜ。子どもに嘘を教えるなって」といった言葉と共に吉村氏の投稿はリツイートされていった。

新聞に載ることに対してあまりに自分自身が無防備だったことに気づかされた。一方、学校名や実名が出ていようと、なぜ「慰安婦」の授業がここまでのバッシングを受けなければならないのかという疑問も筆者の中で大きくなっていった。

二〇一八年一〇月、大阪府議会教育常任委員会での追及が始まった。「学校現場への過度な介入ではなく、学校の主体性を尊重することこそ重要」と主張する府議もいたが、ほとんどの府議は個人攻撃に近い質問を浴びせかけた。また、大阪府小中学校課長も調べもしない段階から「記事にある授業の内容が事実であるならば、不適切であると考えております」と答弁した。

この府議たちの追及は、教育基本法第一六条にある「不当な支配」に該当するものだ。自分たちが教えさせたくないと考える事項について、権力を用いて圧力をかけてきたのだ。本来、府教委は不当な支配に服することなく、学校における教育課程の防波堤にならなければならないはずだ。ところが、大阪維新の会や自民党といった圧倒的な権力を持つ政治家の顔色を見て、まともな調査すらせずに、公立中学校の一人の教師の授業を「不適当」と断罪した。府教委はこの時点で教育基本法を踏みにじり、不当な支配に屈服したと言える。

一〇月一七日、管理職から「緊急生徒集会を開き、今回のことを話し、保護者にプリントを出す。保護者向けプリントに『平井先生はもう慰安婦の授業はしない』と入れます。もう二度と『慰安婦』を教えないと言ってください」と唐突に言われた。

今までも沖縄戦「集団自決」や「慰安婦」問題を授業で取り上げ、攻撃をされてきた経験はあったが、それでも管理職は「教えるな」とは言わなかった。ユネスコの「教員の地位に関する勧告」にある「61 教員は、職責の遂行にあたって学問の自由を享受するものとする。教員は、生徒に最も適した教具及び教授法を判断する資格を有しているので、教材の選択及び使用、教科書の選択並びに教育方法の適用にあたって、承認された計画のわく内で、かつ、教育当局の援助を得て、主要な役割が与えられるものとする」という条文は管理職ならば必ず理解しているはずのものだ。その理念を踏みにじる発言が出てくるとは思わなかった。

「これはうちの学校の問題だけでなく、学校教育そのものにとんでもない悪例になります。政治家から攻撃されたら、教育の自主性を投げ出すんですか。この一文を入れたプリントが独り歩きして、第二波がくるという可能性も考えておられますか？　学校を守るって何を守るんです？　教育課程の編成権を放棄することになります。私はそれだけは絶対に容認できません」と粘り強く主張し続けた。

プリントに「慰安婦」を教えないという一文は入れなかったものの、その後も管理職は執拗に「『慰安婦』の授業をするな」と言い続けた。

年が明けた二〇一九年一月二五日、大阪府教育委員会に筆者は呼び出された。学校や教育委員会に来た電話やファックス、はがき・手紙類などの中には「慰安婦」の授業に関する質問や批判が多いとしながらも、擁護するものや応援するものもあったことが明らかになった。

午後二時すぎから始まった聴取が休憩をはさんで三時以降も続いた。筆者が書いた『「慰安婦」問題を子どもにどう教えるか』からの質問が出たことには驚愕した。この本が、尋問の材料として読まれていることに無性に悔しく腹立たしい思いとともに、逆に腹が据わった。

「先生の著書から質問します。この著書に〇〇とありますが、これは学習指導要領に則り、生徒の発達段階に考慮したものであると言えますか？」

「私の著書に関する質問は、今回の事案と関係ありませんから一切答えません」

このやり取りが最後まで続いた。終わってみると時計の針は五時前をさしていた。

三月二七日、教育長から渡された紙切れには「学校教育に携わる公立学校教員として、全体の奉仕者たるにふさわしくない非行であり、その職の信用を失墜するものである。よって、今後、かかることのないように厳に訓告する」とあった。筆者が管理職に連絡をせずに記者を学校に入れたことだけが問題とされ、「慰安婦」授業の可否については一切触れられていなかった。

その日の午後、大阪府教育庁で教育長会見があり、記者宛てにプリントが配布された。そこには、「指導内容については、学習指導要領に則らず、生徒の発達段階に配慮したものではなかったと判断できるものはない」「生徒に偏向した考え方を教えるようなものではなかった」と書かれていた。「慰安婦」問題を教えてきたことは処分に当たるものではなく、『慰安婦』問題を教えてはいけない」と言わないというのが府教委の判断だった。長く辛い攻防だったが、「慰安婦」問題を教えることが政治によって咎められたり、妨害されることがないことを証明できたと言える。

二〇二〇年度、筆者は本来なら持ち上がるべき中学三年生の担当から外された。「慰安婦」問題を教えることが物理的にできない学年に配属されたのだ。でも負けではない。

「教えてはいけない」と言わせなかったのだから。そして、二〇二〇年三月末、中学校社会科歴史教科書の検定結果が発表され、「慰安婦」記述が、学び舎版だけでなく山川出版社版にも登場することになった。そして、その後も三年生を教えるたびに、筆者は「慰安婦」問題の授業を行っている。

二〇二二年五月一三日、教育と学問に対する政治介入を様々な面から取材して作られたドキュメンタリー映画「教育と愛国」（斉加尚代監督、MBS毎日放送制作）が封切られた。筆者はこの映画に出演した。その理由は、教育現場に身を置く一人の教師の授業に対する政治介入の事実を多くの人に知ってもらい、その問題点を考えてもらいたかったからだ。

筆者の教え子が映画「教育と愛国」を見た後に、送ってくれたメッセージを紹介する。

平井先生、お元気ですか？　昨日の日曜日に、十三の第七芸術劇場で「教育と愛国」を見てきました。予告編に平井先生が映っているのを見て、美津子のスクリーンデビューを見届けようと思って行ってきました（笑）。上映一〇分前に受付で当日券を求めると残り一席で、ギリギリ見ることができました。

映画を見ながらいろいろなことを考えました。僕は中学校のときから歴史の授業が好きで、高校でも日本史を取っています。でもそれは歴史が好きで、昔の人たちの暮らしや歴史のワンシーンを頭の中で想像したり、歴史ものの映画や小説を読むのが好きだからで、もしどこかの政治家や学者に捻じ曲げられた歴史を教えられていたのだとしたら、それはすごく腹が立つし、東大の教授の「歴史を学ぶ意味はない」という言葉には悔しさを覚えました。

僕は「歴史を学ぶ意味」、特に戦争の歴史を学ぶ意味は「人間の残酷な面を知ることだ」と思っています。人間は戦争という大義名分の下で大量殺戮を扇動できるし、人の尊厳を平気で踏みにじることができてしまう。それは日本人だけとかアメリカ人だからとかではなく人類共通のことだと思います。それを知っていないと、もし同じような状況になったときに疑いなく国家のために武器を持ってしまうのではないでしょうか。僕は、大切なのは日本人であることに自信を持てる教育ではなくて、ただ一人の自分であることに自信を持てる教育ではないのかなと思います。僕もまだ自分に自信を持てないし、自分が替えのきかないかけがえのない存在だと思うことは一生かかっても難しいかもしれないけれど、そういった自己肯定感みたいなものは、大人に押し付けられるのではなくて自分で見つけたいし、見つけるべきだと思いました。

このメッセージを読んだとき、自分が信じてやってきたことが間違っていなかったと確信を持てた。

二〇二三年は関東大震災における朝鮮人虐殺から百年の年として、様々なドキュメンタリーや映画が作られ、この事件を語り継ごうという若者たちによる動きも高まった。一方で、政府は八月三〇日の記者会見で松野博一官房長官（当時）が朝鮮人虐殺について「政府内において事実関係を把握することのできる記録が見当たらない」と、歴史事実に後ろ向きの姿勢を見せた。

政府の姿勢と同様に自治体においても、加害の歴史を否定する事態が起きている。二〇二四年一月二九日、群馬県は、県立公園「群馬の森」にある朝鮮人追悼碑の撤去工事を行った。この碑は「記憶　反省　そして友好」と題され、群馬県の鉱山や軍需工場に動員された朝鮮人や中国人捕虜が過酷な状況で働かされていたことを記憶するために、県議会が全会一致で賛同して作られたものだ。しかし、その後、「反日的だ」として保守系の市民団体などが撤去を求め、県が設置許可の更新を拒み、裁判で争われた結果、県が勝訴し、撤去されることになった。

日本の日中戦争・アジア太平洋戦争敗戦後、八〇年近くがたとうとしているにもかかわらず、自国の歴史に向き合わずに、それを隠蔽し、歪曲しようとする動きに対して、私たちが真正面からこれらの問題に向き合い、学び、記憶し続けていくことによってしか、歴史の風化は防げない。

本書がこれからも多くの人に手に取っていただき、読み継がれていくことが、その一助になればと願う。

二〇二四年三月一日

平井　美津子

平井美津子（ひらいみつこ）

大阪府出身。立命館大学文学部史学科日本史学専攻卒業。奈良教育大学大学院教育学研究科修士課程修了。大阪府公立中学校教諭、大阪大学・立命館大学非常勤講師。子どもと教科書大阪ネット21 事務局長。大阪歴史教育者協議会常任委員。

著書に、『「慰安婦」問題を子どもにどう教えるか』(高文研)、『教科書と「慰安婦」問題―子どもたちに歴史の事実を教え続ける』(群青社)、『原爆孤児―「しあわせのうた」が聞こえる』(新日本出版社)、『サンフランシスコの少女像―尊厳ある未来を見つめて』、『教育勅語と道徳教育―なぜ、今なのか』、『生きづらさに向き合うこども―絆よりゆるやかにつながろう』(以上、日本機関紙出版センター)。

共編著書に、『事典　太平洋戦争と子どもたち』、『戦争孤児たちの戦後史』第一巻、第二巻（以上、吉川弘文館)、『観光コースでない京都』（高文研)、『歴史学入門』（昭和堂)、『植民地化・脱植民地化の比較史―フランス - アルジェリアと日本 - 朝鮮関係を中心に』（藤原書店)、『私たちは黙らない！』（日本機関紙出版センター)、『ひろがる「日韓」のモヤモヤとわたしたち』（一橋大学加藤圭木ゼミ、大月書店）など多数。

『「慰安婦」問題を子どもにどう教えるか』（高文研）が韓国に続き、台湾で翻訳出版の予定。

新装版
「慰安婦」問題を子どもにどう教えるか

●二〇一七年一〇月二五日――――第一刷発行
●二〇二四年 五 月一五日――――新装版第一刷発行

著　者／平井 美津子

装丁＝商業デザインセンター・松田礼一

発行所／株式会社 高文研
東京都千代田区猿楽町二―一―八
三恵ビル（〒一〇一―〇〇六四）
電話０３＝３２９５＝３４１５
http://www.koubunken.co.jp

印刷・製本／精文堂印刷株式会社

★万一、乱丁・落丁があったときは、送料当方負担でお取りかえいたします。

ISBN978-4-87498-880-0 C0037